図解でわかる

企業価値評価のすべて
Valuation

株式会社
KPMG FAS──著

日本実業出版社

まえがき

　国内経済が、少子高齢化や生産の海外移転の影響を受け、構造的な縮小トレンドにある中、日本企業にとっては2011年がまさに勝負の年となりそうな様相です。業種によって多少のばらつきはありますが、国内および他の先進国市場の事業を業界再編の中で集約強化（または整理）し、新興国の成長事業に対して積極的に投資するという戦略が、より明確になってきています。そうした背景もあり、好むと好まざるとにかかわらず、日本企業は今後数年間、M&Aを常に意識した経営を強いられることになると思われます。

　さて、商売の基本はやはり「適正な価格で仕入れて、適正な価格で売る」ということでしょう。これまでM&Aの要諦についてはさまざまな議論がなされてきましたが、やはり商売同様、買収または売却を「適正価格」で行うことが、成功のための要件といえるでしょう。対象企業（事業）の企業価値評価をしっかり行い、対象企業（事業）の本源的価値をふまえたうえで価格交渉することが不可欠です。

　振り返ってみると、80年代以降、日本企業のM&A（とくに海外での企業買収）は、常に払いすぎのリスクと裏腹の状態でした。世界経済の主戦場である欧米市場への進出、事業基盤の強化を目指したきわめて戦略的な投資を行うにあたり、多少の払いすぎには目をつぶらざるをえない状況に当時の日本企業があったと見るべきなのかもしれません。また、当時の日本企業にはまだ体力があり、多少の払いすぎは、国内市場での儲けでカバーできるという面もありました。

　それに対し、国内および先進国市場における既存事業の収益性が低下した今日では、M&Aにおける払いすぎは致命傷となりかねない可能性があります。

　今こそビジネス・パーソン一人一人が、M&Aを適正価格で交渉・合意できるように、まず企業価値評価に関する基礎知識を身につけ、これから

始まるM&A時代に向けた体力を養っておくことが必要となっています。

　本書は、企業価値評価に関する入門書です。図解を用いて、なるべくわかりやすい解説を心がけました。一方で、今日のM&Aや企業価値評価において、いわゆるスタンダードとなっている理論と実務を可能なかぎり網羅した内容となっています。基礎的な内容ながらも、現代のM&Aと企業価値評価に関する理論と実務の本質を反映しています。

　必ずしもM&Aや企業価値評価を専門業務としていない、経営者や一般のビジネス・パーソンも、企業価値評価の基本的な概念や理論、実務を理解するための入門書として本書を活用していただければ幸いです。新たに社会人となった方々、今後ビジネスの世界に進む可能性のある学生の方々にも、企業の価値というものを考えるうえで、格好の入り口になるはずです。

　なお、本書では、第7章に無形資産価値の評価の概要に関する解説も加えました。特許権や商標権、顧客・取引先との関係など、現代の企業の価値は、無形資産に起因するところが少なからずあります。こうした中、無形資産担保融資の発達や、新しい会計基準の導入など、企業が無形資産の評価を必要とする局面も徐々に増加しています。全体のバランスを考え詳細な解説は避けましたが、参考になるものと思います。

　最後になりましたが、本書の出版にあたり、日本実業出版社編集部の皆様には大変お世話になりました。厚く御礼申し上げます。

2011年3月

　　　　　　　　　　　　　　執筆者を代表して
　　　　　　　　　　　　　　　　　　株式会社KPMG FAS　岡田　光

『図解でわかる　企業価値評価のすべて』
もくじ

まえがき

第1章 企業価値評価を理解することが、なぜ大切なのか

1　企業活動における企業価値評価の意義…………………………………10
　・ビジネスの基本は「価値」を理解することにある

2　自らのビジネス・ツールとしての企業価値評価…………………………12
　・企業は常に企業価値の向上を図ることが求められる

3　取引相手との交渉ツールとしての企業価値評価…………………………16
　・M&Aの両当事者が共有するフレームワーク

4　ステークホルダーに対する説明ツールとしての企業価値評価………18
　・客観的な視点に基づき説明責任（アカウンタビリティ）を果たす

第2章 企業価値評価を理解するための基本知識

1　企業価値評価の目的……………………………………………………22
　・M&A、税務、係争、会計の4つの目的から必要となる

2 事業価値、企業価値、株主資本価値とは……………………………24
　・企業には異なる3つの価値がある

3 企業価値評価におけるさまざまな価値概念………………………26
　・多くの人が納得するような価値の目安が必要

4 企業価値評価の3つのアプローチ……………………………………34
　・異なる側面に注目することで、価値をより的確につかむ

第3章 マーケット・アプローチによる評価と実際

1 株式市価法による評価と実際…………………………………………46
　・株式を上場している企業を評価するときに用いるアプローチ

2 株価倍率法による評価(1)
　　──株価倍率法とは……………………………………………………54
　・非上場株式を評価するときの最も重要な手法

3 株価倍率法による評価(2)
　　──価値算定プロセスと事例…………………………………………62
　・自動車部品メーカーX社の価値を算定してみると

4 株価倍率法による評価(3)
　　──特定業種における株価倍率法採用の留意点……………………72
　・金融機関やベンチャー企業で株価倍率法を用いる際は注意を要する

5 株価倍率法による評価(4)
　　──時点や国によって異なる株価倍率…………………………………75
　・評価基準日や評価対象企業の属する国によって株価倍率は変動する

6 類似取引比準法による評価……………………………………………78
　・類似したM&A事例の取引価額から倍率を算定する

7 マーケット・アプローチでの支配権プレミアム・非流動性割引……*81*
・株式を評価する際には、特別な価値や割引要素が考慮されることも

インカム・アプローチによる評価と実際

1 DCF法による評価(1)
　──DCF法とは……*88*
・企業が生み出すキャッシュを評価する手法

2 DCF法による評価(2)
　──価値算定プロセスと事例……*96*
・自動車部品メーカーX社の価値を算定してみると

3 エクイティ・アプローチに基づくDCF法とDDM法……*123*
・株主資本価値を直接的に算定する手法

4 収益還元法による評価……*132*
・一定の予想収益から株主資本価値を算定する手法

5 事業計画の分析……*135*
・将来の事業計画を検討することにより、評価の信頼性を高める

6 残存価値のその他の算定方法……*142*
・解散・清算や売却が予想される場合の残存価値の求め方

7 割引率算定に関する留意事項……*144*
・割引率に影響を与えるいくつかの要素に留意することが必要

8 インカム・アプローチでの支配権プレミアム・非流動性割引……*149*
・DCF法で算定された価値は支配権プレミアムを含んでいる

コスト・アプローチによる評価と実際

1 修正純資産法による評価(1)
 　　──**修正純資産法とは**……………………………………………*152*
 　・時価と簿価の差額が重要な項目について、時価で評価する

2 修正純資産法による評価(2)
 　　──**時価修正すべき資産・負債**………………………………*154*
 　・主要な資産・負債について時価を入手し、含み損益を把握する

3 修正純資産法による評価(3)
 　　──**税効果の取扱い**……………………………………………*160*
 　・再調達原価と正味売却価額のどちらを用いるかで取扱いが異なる

4 修正純資産法による評価(4)
 　　──**価値算定プロセスと事例**…………………………………*162*
 　・自動車部品メーカーX社の価値を算定してみると

5 **コスト・アプローチでの支配権プレミアム・非流動性割引**………*165*
 　・修正純資産法では、支配権プレミアムや非流動性割引は考慮しない

6 **修正純資産と清算価値**……………………………………………………*166*
 　・通常、清算価値は修正純資産法による評価額よりも低くなる

第6章 価値評価を行うときの留意ポイント

1 各評価手法のメリット、デメリット……………………………………170
　・的確な評価のできる手法をケース・バイ・ケースで組み合わせて使う
2 評価結果に関する総合判断……………………………………………174
　・インカム、マーケット、コストのすべての側面から総合的に判断する

第7章 無形資産価値の評価と実際

1 無形資産とは何か………………………………………………………180
　・事業価値を引き上げるうえで無視できない要素
2 なぜ、無形資産価値の評価が必要なのか……………………………183
　・M&A等、主に会計目的で評価が求められる
3 無形資産の評価プロセス………………………………………………186
　・多くの場合、企業価値評価よりも詳細な分析が必要となる
4 無形資産の評価アプローチ……………………………………………188
　・企業価値評価と同様の3つの手法で評価を行う
5 経済的耐用年数の推計と償却の税効果………………………………196
　・無形資産評価で留意すべき2つの事項
6 無形資産価値の評価
　　——価値算定プロセス事例……………………………………………198
　・電機部品メーカーS社の事例でみる評価の具体的ステップ

あとがき

巻末資料……………………………………………………………………………209
　　1．依頼資料リスト（例）　　2．DCF法テンプレート（例）
　　3．株価倍率算定テンプレート（例）　　4．修正純資産法テンプレート（例）

索　　引

本文DTP＆図版作成◎一企画

企業価値評価を理解することが、なぜ大切なのか

企業活動における企業価値評価の意義

ビジネスの基本は「価値」を理解することにある

❖企業価値を理解しておかなければならない理由とは

　企業価値評価とはどういうことでしょうか。ひと言でいうと、企業の株式や事業を評価して、その価値を算定する分析的作業のことです。その概念や手法に関する理解を、少なくとも基礎的なレベルでもっておくことは、今日のビジネス・パーソンにとって必須です。それは、企業価値の評価という作業が、ビジネスの基本である「価値」を理解するプロセスそのものであり、その本質的理解なくしては、合理的な企業経営やビジネス運営を行うことが困難であるからです。

　ビジネス・パーソンが企業価値評価を学ぶ主な意義としては、少なくとも以下の3つが挙げられます。

　1）自らのビジネス・ツールとして
　2）取引相手との交渉ツールとして
　3）ステークホルダー（利害関係者）に対する説明ツールとして

　まず、自ら（または自社）がM&A（企業の合併や買収）や自社株買い、グループ内の事業再編を行う際に、その経営判断は合理的な根拠に裏づけられている必要があります。すなわち、このような経営判断において決定されるまたは合意される価値や価格は、直感や妥協に基づくものではなく、しっかりとした企業価値評価に基づき検討されるべきものであるということです。

　次に、M&Aのように取引相手が存在する場合、対象となっている企業

や事業の価値に関する交渉が必要になります。企業価値評価はその過程において重要な共通のコミュニケーションの枠組みとなります。

そして最後に、企業経営者はその経営判断についてステークホルダー(株主や債権者、従業員などの利害関係者)に対して説明を尽くす責任を負っています。

M&A等の企業価値に重大な影響を及ぼす取引においては、経営者は自らの知識や経験に照らし合わせて慎重に考えることはもとより、独立した専門家の企業価値に関する分析や助言も考慮のうえ、ステークホルダーに対するアカウンタビリティ（説明責任）を担保する必要があります。

●図表1-1　企業価値評価を学ぶ意義

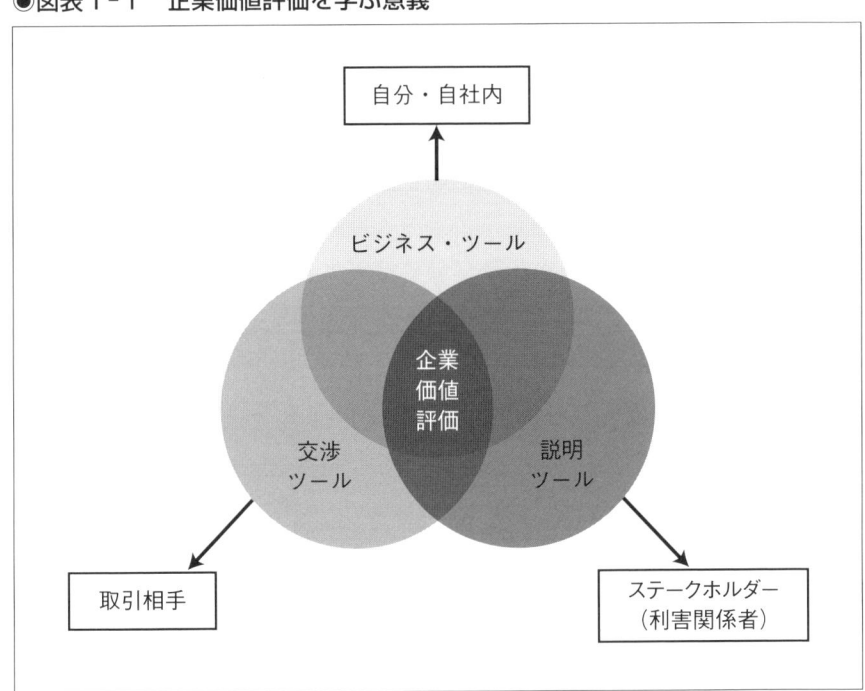

自らのビジネス・ツールとしての企業価値評価

企業は常に企業価値の向上を図ることが求められる

❖ 資金提供者の視点

　企業の究極的な目標は、「その企業価値の向上」です。求められる社会的貢献への責任を果たすことを大前提として、企業には、その活動を通して価値を創造し、利益の一部を株主や債権者などの資本提供者に還元しつつ、残る一定の資本を事業に再投資することによって、循環的に企業価値の向上を図っていくことが求められています。

　このサイクルにおいて、株主や債権者などの資本提供者に適正な利益還元をすることはきわめて重要です。適正な利益還元なくして、企業と資本提供者との間の信頼は醸成されず、将来の資金調達にも影響を与える可能性があるからです。また、資本提供者に対して適正な利益還元を行うためには、企業活動の結果としての適正利益の確保が欠かせません。企業としての利益確保、資本提供者への利益還元、事業への再投資、これら3つは表裏一体の関係で、密接にかつ循環的に連関しています。

　「モノの価値を理解する」といいますが、企業価値評価において、それはどういうことを意味しているのでしょうか。図表1-2の「企業活動における価値創造の循環」に照らし合わせて考えると、企業価値を測るうえでの1つの基準は、会社が使うお金の調達コストに関係していることがわかります。

　たとえば、企業がM&Aを行う際の投資金額は、その投資がもたらすと考えられる利益を限度として、株主や債権者から調達できる資金金額の範囲で決まります（ここでは会社の内部留保や手元資金も究極的には資金提

●図表1-2　企業活動における価値創造の循環

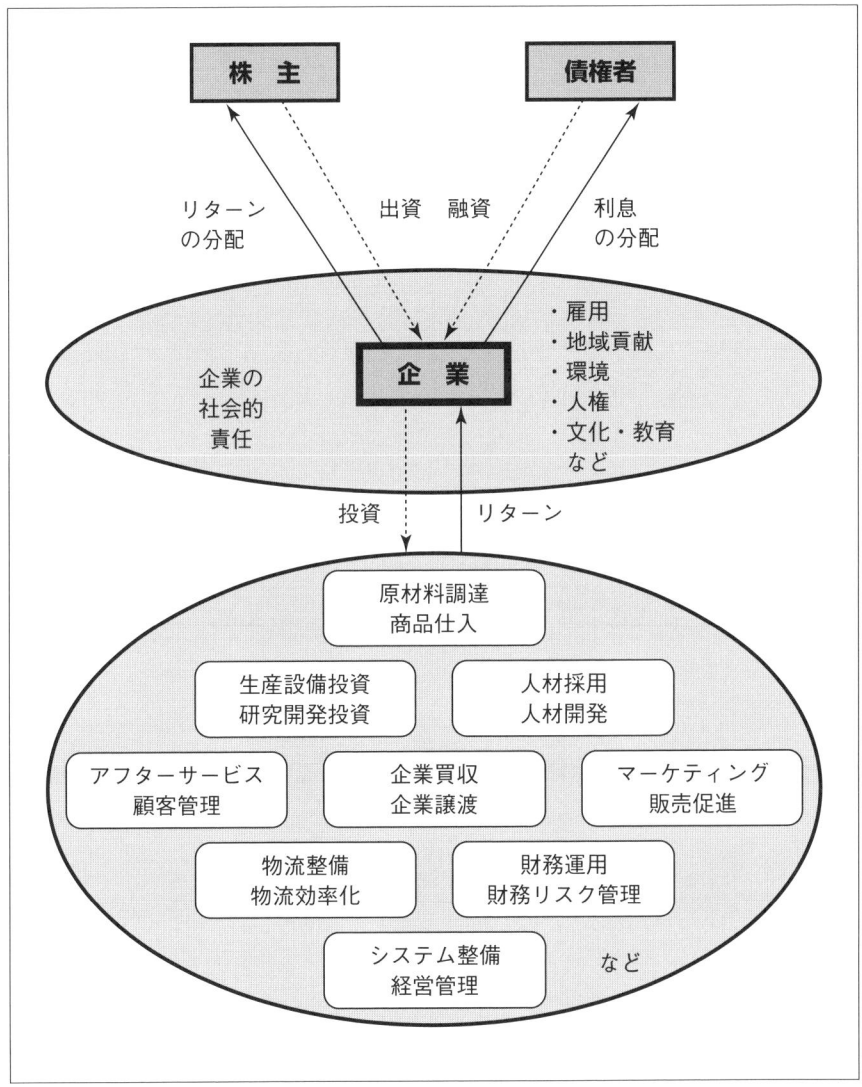

供者に帰属する富と仮定します）。合理的なリターンが期待できない投資に資金を提供する株主や債権者（すなわち投資家）は通常いないからです。したがって、一般的には、企業価値の評価は、その企業への投資がもたら

す利益と、その投資をファイナンスする資金提供者が求めるリターンとのバランスによって決まるということができるのです。

このように、企業価値を決定する尺度として、企業への資金提供者（株主や債権者）、すなわち投資家の期待するリターンを意識することが重要であることがおわかりいただけると思います。

❖投資判断のツールとして

では実際に経営や事業の運営にあたるビジネス・パーソンは、どのように考え、行動すればいいのでしょうか。ひと言でいうと、企業活動（とくに投資活動）が、投資の回収額と資金のコストとの対比において正しくバランスするよう、投資判断にあたっては適正な価値評価を行う必要がある、ということです。

そのためには、経営者や社内の財務専門家はもとより、事業運営に携わるビジネス・パーソン一人一人が、「価値」（企業買収等においては「企業価値」）に関する感覚を磨かなければなりません。M&Aや投資を検討する際には、

- どうしてそれだけの価値になるのか（Why）
- 何が価値の源泉になっているのか（What）
- 誰がその価値創造に貢献しているのか（Who）
- どこで価値が造られているのか（Where）
- どうすればその価値を維持またはさらに向上させることができるのか（How）
- その投資または価値向上のための追加投資はいつ行うべきなのか（When）

といったことを総合的に検討する必要があります。

これらは、財務的な分析や検証というよりも、よりビジネスの本質にかかわるものであり、買収または投資の対象となる事業に携わることとなる

ビジネス・パーソンが主体的に検討すべきことです。

　こうした観点からも、事業運営にあたるビジネス・パーソン一人一人がまずは企業価値評価の基礎と枠組みを理解し、そのうえでより本質的なビジネス・イシュー（経営課題）に取り組んでいくことが必要となります。

●図表1-3　買収・投資の検討におけるビジネス・パーソンの責任

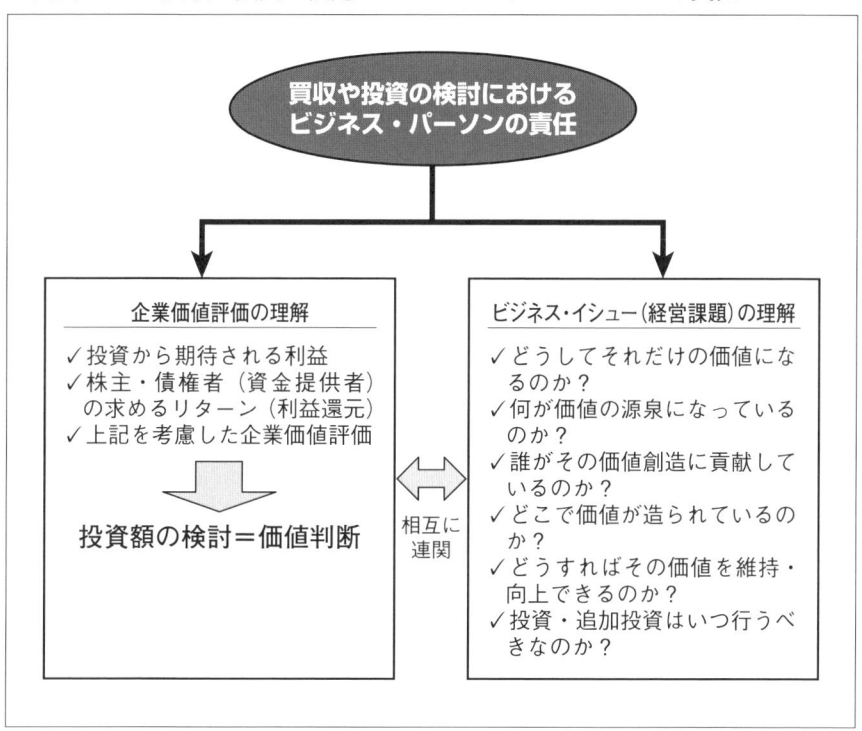

取引相手との交渉ツールとしての企業価値評価

・M&Aの両当事者が共有するフレームワーク

　図表1-4は過去10年間の日本企業が関わるM&Aの推移をまとめたものです。米国のサブプライムローンやリーマン・ショックの問題が世界経済に伝播した2008〜09年以降、取引額ならびに取引件数の両方において低下が見られますが、M&Aの件数が非常に少なかった90年代以前の日本の状況と比較すると、M&Aは今や日本企業の経営戦略上の選択肢として完全に定着したことが見てとれます。

　今日のM&A取引においては、取引の対象となる企業や事業の価値を、売り手と買い手がそれぞれ評価し、その結果を参考にしつつ価格交渉を行うことが通常となっています。

　さて、そうした状況で売り手と買い手が価格交渉を行う場合、双方が企業価値評価に関するフレームワークを共有していることが、交渉をスムーズに行うために必要です。まったく異なる評価手法を用いて異なる価値を主張したとすれば、その価格交渉は困難なものになるに違いありません。

❖「一般的な実務」としての企業価値評価

　国内においても、また世界においても、企業価値評価のやり方に関する基準や規程は存在しません。ただ、米・欧を中心に発達してきた企業価値評価の実務は、膨大な事例として積み上がっており、今日ではこれらを体系的に整理した論文や専門書が存在しています。また、企業価値評価に関する研究も日々続けられています。

　そのため、現代の企業価値評価は、そのやり方を規定する基準・規程はありませんが、いわゆる「**一般的な実務**」というものは存在しており、ほとんどのM&Aにおいて、そうした実務に基づく企業価値評価が行われる

ようになっています。

　従来、M&Aの件数において劣っていた日本でも、90年代後半からM&Aの件数が急増し、その過程で企業価値評価に関する一般的な実務（米国で用いられていた評価手法がその後世界的なスタンダードとして受け入れられたもの）を取り入れ、今日に至っています。

　上記からもわかるとおり、現代のM&Aにおいては、企業価値評価の一般実務を十分に理解したうえで価格交渉に臨むことが、これまで以上に必要になっています。

　本書では、この企業価値評価の一般実務をベースに、企業価値評価の概念と手法を解説しています。

●図表1-4　過去10年間の日本企業のM&Aの推移

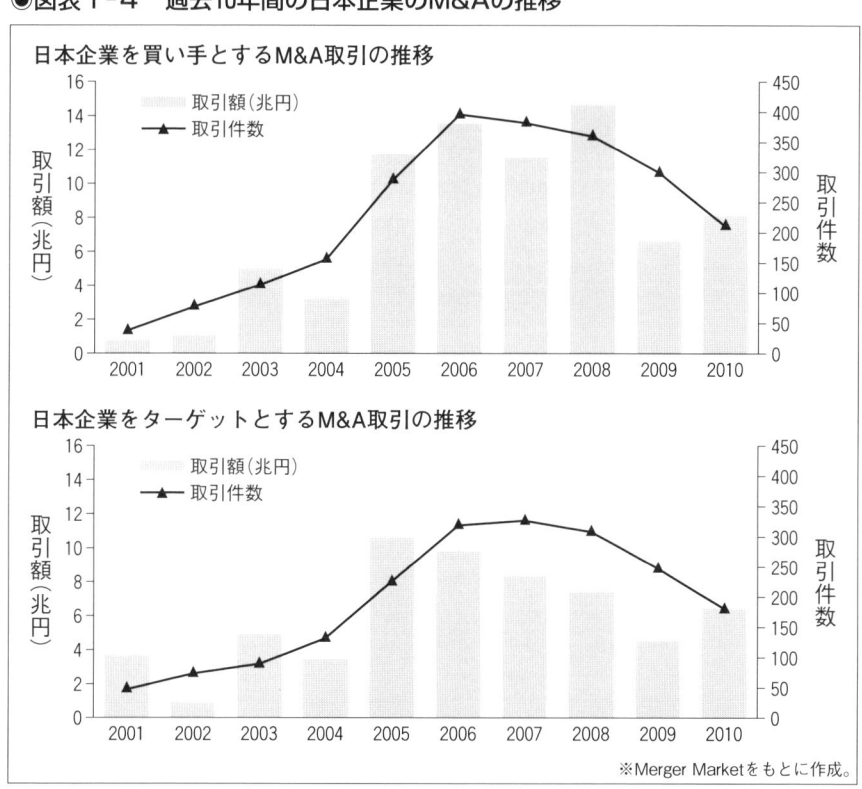

※Merger Marketをもとに作成。

ステークホルダーに対する説明ツールとしての企業価値評価

客観的な視点に基づき説明責任(アカウンタビリティ)を果たす

❖客観的な分析の入手

　売り手または買い手が法人の場合(とくに上場企業の場合)、M&Aの取引価格や取引条件の検討・決定にあたっては、その経営陣は株主に対する善管注意義務の遂行を求められます。また、最近では経営陣の株主を含むステークホルダー(利害関係者)に対する**アカウンタビリティ**(説明責任)も重要性が高まってきています。

　このような観点から、重要なM&A取引においては、取引価格の前提となる企業価値評価を外部の専門機関に依頼して、客観的な視点からの評価分析や助言を得ることが一般的になっています。

　経営陣は、外部の専門機関から企業価値評価を入手することのみによって善管注意義務を果たしたと認められるわけではありませんが、そのような専門的な分析と助言を含む情報の収集と、その検討、判断について適切な手続きをとっていれば、一般的にはビジネス・ジャッジメント・ルール(経営判断の原則=取締役が業務執行に関する意思決定の際に適切な情報収集と適切な意思決定プロセスを経たと判断されるときには、結果として会社に損害が発生したとしても善管注意義務違反に問わないとする原則)が適用されるものと考えられます。

　こうした背景から、会社の経営陣は、企業価値評価の基本的な理論と実務的な手続き等について、理解しておく必要があります。また、企業価値評価のより専門的な部分については、自らの知識や経験の不足を補うために、外部の専門家から示される客観的な分析等をベースとして、合理的な

判断を行い、対外的なアカウンタビリティを果たすことが重要なのです。

近年では、上場会社の行う一部のM&A取引について、公表文書（プレスリリース）等で価格交渉の前提とした企業価値評価の結果とその評価を実施した外部の評価機関名を開示する場合があります。

そうすることによって、取引価格の交渉が経営陣の独断に基づき行われたものではなく、客観的な分析等を踏まえて行われたものであることを対外的に示し、経営陣のアカウンタビリティを表すことにつながると考えられているためです。

❖経営陣のアカウンタビリティ（説明責任）が重要とされる取引の例

▶(1)反対株主の株式買取請求

合併等の組織再編行為を行う場合、原則として、株主総会での承認が必要となります。会社法上、株主総会で当該議案にかかる反対決議をした等の一定の要件を満たした株主には、自己の有する株式を公正な価格で買い取ることを請求する権利を認めています。

こうした取引においては、合併比率等の経済条件が株主にとって妥当であることの説明が非常に重要です。外部の評価機関による合併比率等の算定により、専門的な分析が行われたことを示すことが通常となっています。

▶(2)公開買付（TOB）

公開買付（TOB）時に開示される公開買付届出書や意見表明報告書、東証の適時開示書類には、公開買付価格の公正性を担保する目的で公開買付当事会社が入手した第三者評価機関の株式価値評価書の概要が記載されます。当該記載には、株式価値評価において採用された各評価手法の評価結果が評価レンジの形で記載されるのが一般的です。

上記に加え、日本企業においても今後強制適用される可能性がある国際財務報告基準（IFRS）の存在があります。

国際財務報告基準（IFRS）のキーワードの1つは「**公正価値**」です。

貸借対照表上の資産および負債を公正価値で認識することで、株主や債権者に対する情報開示の価値を向上することを目指しています。こうした環境においては、M&Aで用いられる企業価値評価の手法が、会計の世界においても取り入れられるようになると考えられます。株主や債権者は、企業の投資活動が公正価値で行われているかを、財務諸表を通して監視する時代が今後到来すると考えられています。

※IFRS：International Financial Reporting Standardsの略。2005年からEU域内の上場企業に適用され、日本国内でも適用に向けて作業が進行中。

第2章

企業価値評価を理解するための基本知識

企業価値評価の目的

M&A、税務、係争、会計の4つの目的から必要となる

❖企業価値評価の必要性

　本書は、企業価値評価について平易に解説することをその目的にしています。企業価値評価とは端的にいうと、「会社または事業の価値」を評価する作業をいいます。**バリュエーション**（Valuation）と呼ぶこともあります。

　企業価値評価が必要になる状況はさまざま考えられますが、現在の実務においては、主として①M&A取引に関連して実施される企業価値評価、②企業グループ内の取引にあたり税務目的で必要となる企業価値評価、③裁判や和解調停など係争に絡んで必要となる企業価値評価、④会計目的の企業価値評価などが考えられます。

　なお、これらのような目的に用いるための企業価値評価には、高い専門性と経験が求められ、かつ客観性を担保することも必要となるため、監査法人・大手会計事務所、証券会社、アドバイザリーファーム等に依頼して実施する場合がほとんどです。とくに以下のようなM&A取引においては、客観的な第三者機関の企業価値評価書を入手することが一般的となっています。

- 合併、株式交換、株式移転、会社分割などにおける合併比率や統合・交換比率の算定
- MBO（マネジメント・バイアウト）や親子会社間の公開買付における公開買付価額の算定
- その他大型のM&A取引（事業・株式の買収または売却）に伴う事業

価値・株主資本価値の算定

　また、グループ内取引においては、当事者同士の間に支配関係または共通の支配関係が存在するため、取引価額が恣意的に決定されたものではないことを独立した第三者評価機関による客観的な企業価値評価を実施することによって合理的に示すことが重要です。

●図表2-1　企業価値評価の目的と必要性の背景

	M&A取引目的	グループ内取引目的	係争等の目的	会計目的
評価の目的	■M&Aの交渉に先立つ買収または売却価額の内部検討 ■利害関係者（株主、債権者など）への説明 ■証券取引所や財務局への説明 など	■取引価額決定に先立つ公正価値の把握 ■当局への説明 など	■係争や非訟事件対応に先立つ価値および係争戦略の検討 ■裁判所等への証拠資料としての提出 など	■会計処理に先立つ価格の妥当性の検討 ■企業結合会計における取得原価の配分のための分析 ■減損会計における価値分析 ■会計監査人への説明 など
評価が必要となる背景	■投資の回収可能性や売却価額の妥当性について、取締役は株主への善管注意義務をはたす必要があるため	■税務の基本原則である公正価値に基づく買収または売却価額の決定を担保するため	■係争や非訟事件の争点となっている価値の妥当性を示すため	■会計基準に則した価値の妥当性を示す必要があるため

事業価値、企業価値、株主資本価値とは

企業には異なる3つの価値がある

❖企業に関する3つの価値とその関係

　企業価値評価においては、事業価値、企業価値、株主資本価値という価値に関する3つの用語が用いられます。まずは**図表2-2**を用いて、これら3つの価値の関係について説明します。

　図表の左側は、一般的な貸借対照表の構成を示したものです。そして、図表の中央は、貸借対照表の項目を、①事業用資産と事業用負債、②非事業用資産と非事業用負債、③現預金と有利子負債の3つに分解したものです。事業用資産と事業用負債は、企業の事業活動に用いられるものですので、後述する各種評価手法を用いて、**事業価値**として評価されるべきものです。非事業用資産と非事業用負債は、事業活動に直接用いられるものではないので、個々の資産・負債の時価にて評価されるべきものです。そして、現預金と有利子負債は、純有利子負債として算定されるべきものです。

　事業価値については、上記のとおり事業用資産と事業用負債の価値を包含する事業の価値として算定します。そして、事業価値に非事業用資産と非事業用負債の価値を加減算した価値を一般的に**企業価値**といいます。さらに、その企業価値から純有利子負債を差し引いた価値を**株主資本価値**といいます。

　なお、事業用資産・負債と非事業用資産・負債の区別は、その資産・負債が事業運営に直接関係する資産・負債か否かで判断します。

　たとえば製造業であれば、製品の生産や販売に用いられる設備や機器などはすべて事業用資産に含まれます。運転資本を構成する棚卸資産や売掛

金、買掛金なども、事業運営に伴って発生する資産・負債ですので、事業用資産・負債の一部となります。一方で、事業には直接関係しない投資・融資や遊休資産は、非事業用資産を構成するものです。

●図表2-2　事業価値、企業価値、株主資本価値の関係

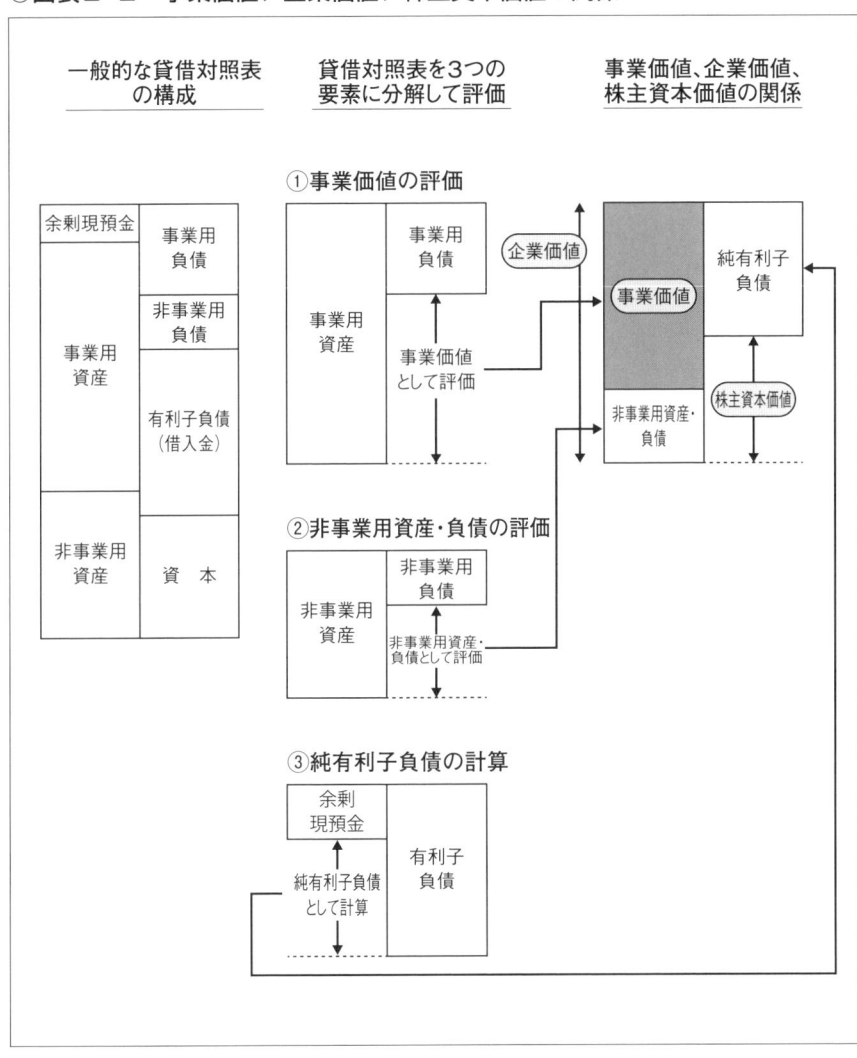

企業価値評価における さまざまな価値概念

多くの人が納得するような価値の目安が必要

❖公正価値とは何か

　企業価値の「価値」とは、何を基準に測られるべきなのでしょうか。価値の定義はどう定められるべきなのでしょうか。

　図表2-3は、ものの価値に対する投資家主観の分布イメージを表したものです。たとえば、資源や原料などのコモディティは、多くの場合、市場での取引価格が存在するので、品質やグレードによってばらつきも出ますが、特定の時点においては誰が評価してもその評価が大体一定の幅に収束すると考えられるものです。よって、価値の分布幅も狭くなります。不動産の場合は、たとえば、土地であれば、近隣での取引事例などから市場での取引価格の水準を類推することはある程度可能ですが、価値の分布の幅はより広くなります。企業の場合、一般的に個々の企業はその事業戦略、経営能力、事業規模や事業内容等について、それぞれユニークであり、かつ実際の取引事例の数にも限りがあることから、その価値に対する投資家の主観の幅はさらに広くなると考えられます。

　そこで、企業価値評価の実務においては、たとえ一部の資源・原料・コモディティのように取引市場が存在しているわけではなくても、あえて市場における取引価格の概念を用いて算定することが一般的に行われています。その価値の概念が、**「公正価値」**（Fair Value）といわれるものです。

　「公正価値」については、わが国の会計基準（「公正価値測定及びその開示に関する会計基準（案）」）において下記のような定義が示されています。

　「公正価値」とは、測定日において市場参加者間で秩序ある取引が行

われた場合に、資産の売却によって受け取るであろう価格……

この公正価値の概念を理解するうえで3つポイントがあります。

まず、"**市場参加者**"が考える価格であるということです。市場参加者とは、不特定多数の互いに独立した取引参加者であり、それらの参加者は取引を行う能力があり、他人や状況から取引を強制されるのではなく自発的に取引を行う意思がある者であることを前提とします。経済学の世界で想定されている完全市場の中の合理的経済人のイメージに近いものだと考えられます。

次に、"**秩序ある取引**"でなければなりません。これは、市場が取引する者にとって、正常な状態であることをいっています。市場が何らかの理由で異常な状態にあり、市場参加者が「投げ売り」しているような状態での取引は"秩序ある取引"とはいえません。

最後に、"**売却によって受け取るであろう価格**"であるということです。つまり売却価格を指しており、「出口価格」ともいわれています。ただし、完全市場の下では、「出口価格」と「入口価格」（購入価格）の間に差異は

●図表2-3　価値に対する主観の分布

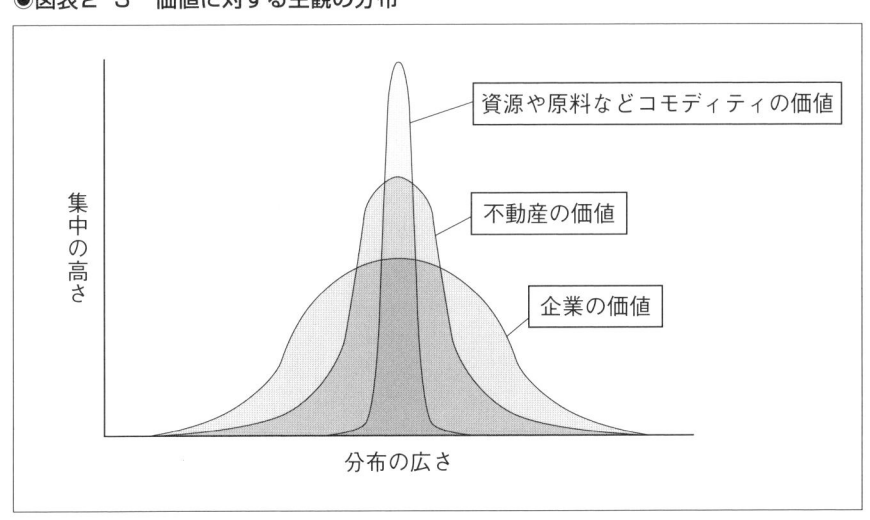

ないと想定されますので、理論の上では、両者を区別することに実益はあまりないと考えられます。

※合理的経済人：達成される価値（効用）とそれを達成するためのコストの差が最も大きくなる（自己利益が最も大きくなる）よう選択・行動する人のこと指す経済学上の言葉。経済学モデルの基本前提となる。

❖投資価値と公正価値

　M&A取引においては、買主は、必ずしも常に公正価値での取引価格の合意を意識して対象企業の価値を検討しているとは限りません。むしろ、対象企業独自の価値と、M&A後に対象企業と買主の事業の間に期待されるシナジー（相乗効果）の価値を合わせた、トータルな「**投資価値**」を検討することが一般的です。よって、複数の買主が算定する投資価値の間には、自ずと一定の差異が生じます。

　一方で、売主は、こうした買主側の投資価値のばらつきを念頭においたうえで、最も良い価格と条件を提示する買主候補に売却することを目的として交渉を進めることが一般的です。

　売却プロセスの手法として、オークション（競争入札）形態を採る場合は、入札価格・条件を比較のうえ買主候補を絞り込みますし、相対取引の形態を採る場合にも、交渉相手以外の潜在的な買主候補がどの程度の価格・条件を提案し得るかを想定しながら交渉を進めます。その結果、売主にとって納得のいく価格・条件提案が買主候補側からなされた場合に、取引が成立することになります。売主の視点からは、市場参加者（すなわち対象企業を買収する意思と能力を備えた買主候補）が提案するであろう買収価格と条件のうち、最良のものが売却価格の妥当性判断のための1つの基準となります。

　このように売主は、特定の買主候補と交渉する際にも、市場参加者がもつであろう取引価格の目線、すなわち公正価値を意識しながら売却の検討を行います。買主は、売主の目線と等しいまたはこれを上回る投資価値を

想定することができれば、売主の期待に沿った価格提案を行うことが可能になります。

●図表2-4(1)　投資価値と公正価値①

●図表2-4(2)　投資価値と公正価値②

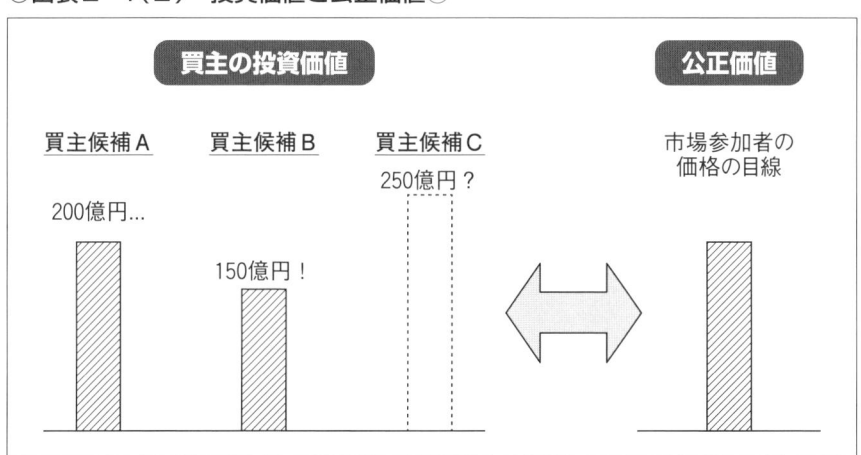

❖シナジー効果とは何か

　M&A取引において買主が検討する投資価値には、シナジー効果が織り込まれる場合がありますが、シナジー効果とは具体的にはどのようなものを意味するのでしょうか。

　シナジー効果とは、「複数の事業間における経営資源の統合・共有等による相乗効果」を指します。大別すると以下に分類され、その具体的項目は多岐にわたります。

●図表2-5　シナジー効果の分類

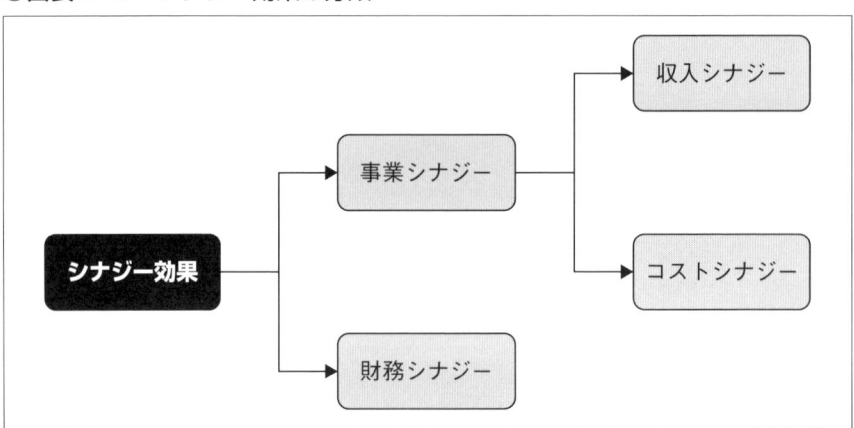

収入シナジー（例）	販売製品寡占化による価格交渉力の強化 販売チャネルの共有によるクロスセリング 新興国等海外販路の相互補完 ブランドの統一による商品認知度の向上 技術・製造ノウハウの共有による新製品開発
コストシナジー（例）	集中購買による調達原価の低減 生産拠点の整理集約による効率化 重複する物流・販売機能の整理・統合によるコストの削減 重複部門の人件費削減、人員の有効活用 研究開発の集約化による開発効率向上
財務シナジー（例）	信用力の向上による調達金利の低下 余剰現預金の有効活用 税務上の繰越欠損金の節税効果

一方、M&Aには上記のような買主または売主の企業価値を向上させるシナジー効果だけでなく、企業価値を毀損する負のシナジー効果も存在します。大口取引先の喪失や独占禁止法上の理由による一部事業の譲渡、企業価値の向上に寄与してきた従業員の離散等の負のシナジー効果の影響も検討したうえで、買主はシナジー効果の予測を行うことが一般的です。

　評価対象企業が単独で事業継続した場合の価値を**スタンドアローン価値**と呼びますが、投資価値はこのスタンドアローン価値にシナジー効果を加算したものとして算定します（**図表2-6**）。

●図表2-6　投資価値の構成要素

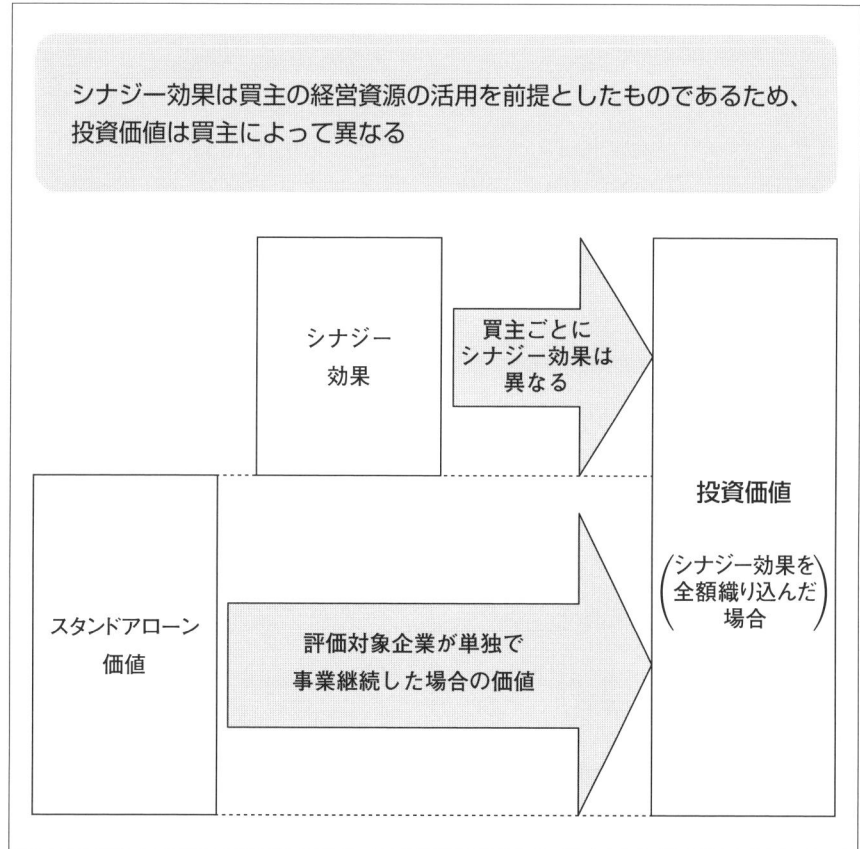

❖シナジー効果の分配

　予測されるシナジー効果の価値全額を織り込んだ投資価値で買収価格を合意する場合、買主はそのシナジー効果の価値を実際に得る前に対価を前払いすることになります。よって、当初想定したシナジー効果が実現しなかった場合には、買主の企業価値を毀損することとなります。このため、買主はシナジー効果全額が織り込まれた投資価値を買収価格の上限として、その実現リスクを考慮しつつ買収価格を検討することとなります。

　一方で、売主は対象企業のスタンドアローン価値を売却価格の下限として、買主が期待するシナジー効果のうちの一部がプレミアムとして経済利益が分配されることを期待します。スタンドアローン価値を下回る売却価格となるのであれば、単独で事業継続するほうが売主の株主にとって有益であり、株主に説明責任を果たせないことになります。

　このように、取引価格は、スタンドアローン価値を下限、シナジー効果全額が織り込まれた投資価値を上限として、買主と売主の交渉によって決定されます（図表2-7）。

●図表2-7　取引価格の決定プロセス

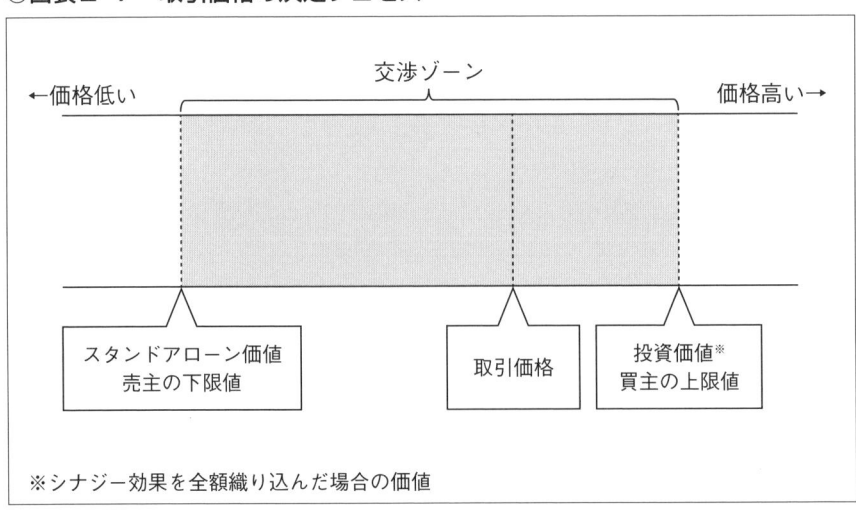

このため、M&A取引におけるシナジー効果の算定やシナジー効果の売主への分配は、取引価格決定の重要なプロセスとなります。

●図表2-8　シナジーの分配と価値の関係図

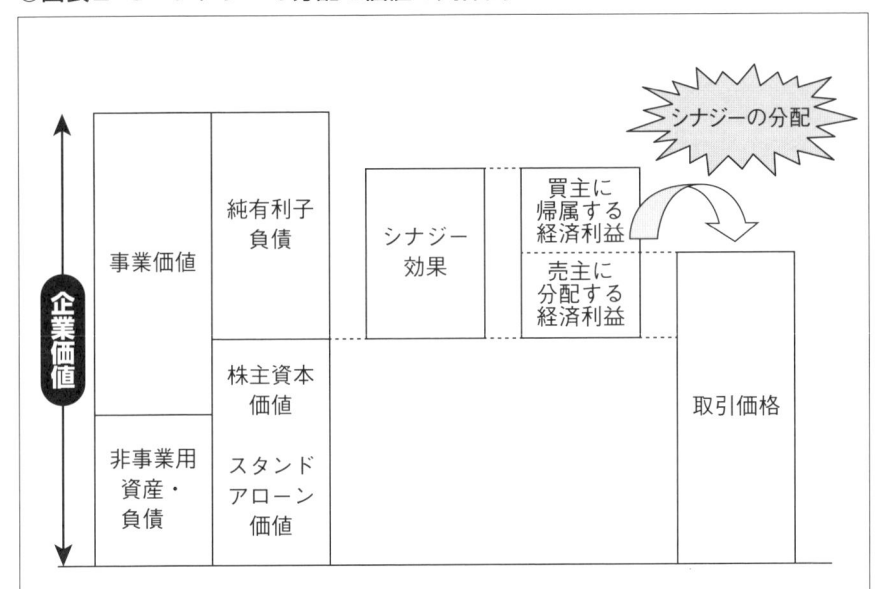

```
企業価値
┌─────────────┐
│ 事業価値 │ 純有利子負債 │      │ 買主に帰属する経済利益 │
│          │              │シナジー├──────────┤
│          │              │ 効果 │ 売主に分配する経済利益 │
│          ├──────────────┤      ├──────────┤  取引価格
│          │ 株主資本価値 │      │                      │
│ 非事業用 │ スタンド     │      │                      │
│ 資産・負債│ アローン価値 │      │                      │
```

（シナジーの分配）

※売主にとっては、売却価格＞スタンドアローン価値、となれば自社の企業価値が向上となる。買主にとっては、買収価格＜投資価値、となれば自社の企業価値が向上となる。

4 企業価値評価の3つのアプローチ

異なる側面に注目することで、価値をより的確につかむ

❖実務で使われる3つの評価アプローチ

企業評価の実務では、評価アプローチとして、
　①マーケット・アプローチ
　②インカム・アプローチ
　③コスト・アプローチ
の3つのアプローチが用いられています。

3つのアプローチが用いられるのは、それぞれ対象企業の異なる価値側面に注目するものであり、可能であればこれらを複合的に用いて多面的な企業価値評価を行うことが価値をより的確につかむうえで有益だと考えられているからです。その名のとおり、マーケット・アプローチはマーケット（市場）、インカム・アプローチはインカム（収入）、コスト・アプローチはコスト（原価）にそれぞれ着目するアプローチです。

それぞれのアプローチの中には、いくつかの評価手法（メソッド）が存在します。この後、3つのアプローチそれぞれに基づく手法のうち、主要なものについてその概略を説明します。

なお、上記の3つのアプローチは日本公認会計士協会の「企業価値評価ガイドライン」においても紹介されています。また、不動産の評価基準である「不動産鑑定評価基準」（国土交通省）においても、鑑定評価の基本的な手法として収益還元法（＝インカム・アプローチ）、取引事例比較法（＝マーケット・アプローチ）、原価法（＝コスト・アプローチ）の3つの手法が挙げられています。

このように、これら3つのアプローチは、企業価値評価のみならず資産

や財産の評価において普遍的なアプローチであるといえます。

●図表2-9　企業価値評価の3つの考え方

> **マーケット・アプローチ**
> 　株式市場やM&A市場における株価や取引価額を基準に事業価値または株主資本価値を算定するアプローチ
>
> **インカム・アプローチ**
> 　将来または過去のキャッシュフローや損益を基準に事業価値または株主資本価値を算定するアプローチ
>
> **コスト・アプローチ**
> 　企業の純資産の時価評価額等を基準に株主資本価値を算定するアプローチ

●図表2-10　企業価値評価の主な評価手法

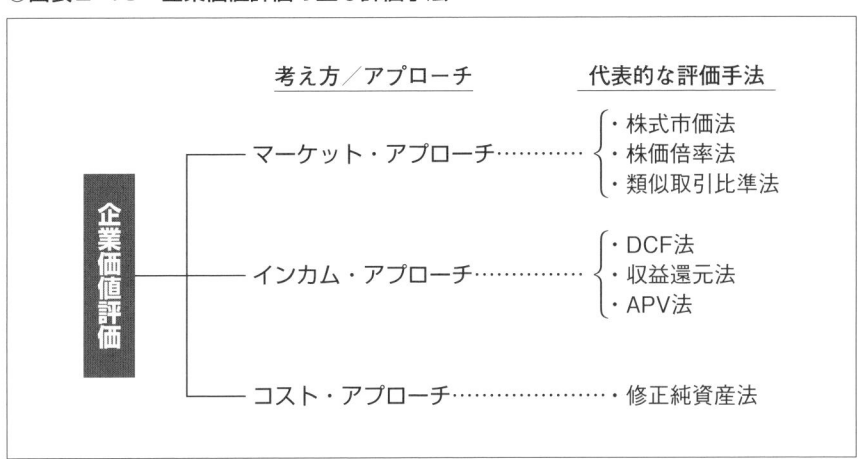

考え方／アプローチ	代表的な評価手法
マーケット・アプローチ	・株式市価法 ・株価倍率法 ・類似取引比準法
インカム・アプローチ	・DCF法 ・収益還元法 ・APV法
コスト・アプローチ	・修正純資産法

（企業価値評価）

▶前提：1羽のニワトリの価値評価とは

　以下、「1羽のニワトリ」の価値はどうやって評価されるか、という例を用いて、企業価値評価に用いられる3つのアプローチを説明していきま

す。

　あるニワトリは、1日1個、年間365個の卵を産むことと仮定します。そして卵は1個10円で売られ、ニワトリの飼育費として年間1,000円かかるものと仮定します。

　このニワトリを所有すると、年間で10円×365個－1,000円＝2,650円の利益を上げることができることになります。

　なお通常、企業価値評価では清算を予定しない「継続企業」を前提として行われるので、ここではニワトリの寿命については永久とします。また、ニワトリは製品として売られる卵を産む家畜であり、食肉とすることは想定しないものとします。

　このニワトリを前提に、マーケット・アプローチ、インカム・アプローチ、コスト・アプローチの順に説明していきます。

※継続企業：ゴーイングコンサーン（Going Concern）とも呼ばれ、将来にわたって永続的に事業を継続することが想定される企業。

●図表2-11　ニワトリの損益計算書

(単位：円)

売上高	3,650	1個10円の卵×年間365個
－) 経費	1,000	年間飼育費
利益	2,650	

❖取引価格に観点を置く「マーケット・アプローチ」

　マーケット・アプローチとは、現実にマーケット（売買市場）で取引されている価格を直接または間接的に参照して評価するアプローチです。マーケット・アプローチによる評価の実際について、詳しくは第3章で説明します。

　マーケット・アプローチでは、市場価格や取引事例の参照の仕方によって、①株式市価法、②株価倍率法、③類似取引比準法の3つの手法が用いられます。

▶**市場取引価格がある場合──株式市価法**

　たとえば、毎日ニワトリを売ったり買ったりする市場があるとします。業者が「競り（せり）」をしている場面を想像してみてください。ニワトリを売りたい人、買いたい人が集まって日々ニワトリが売られたり買われたりしています。基本的にこの市場の参加者は、ニワトリを「見る目」がある専門家であり、日々の買い注文・売り注文が出会って決定される値段は市場取引価格と考えることができます。

　先ほどのニワトリを市場にもっていき、売りに出すと、30,000円の価格が付いたとします。この市場（マーケット）で値付けられた価格をもってニワトリを評価するのが**株式市価法**の考え方です。企業価値評価でいえば、証券取引所に上場されている株式の「株価」ということになります。

　株式市価法は、マーケット・アプローチの中でも、最も直接的に市場取引価格（マーケット）を参照する手法です。株価はさまざまな要因で変動しますので、一定期間の平均値をとって評価することが一般的です。そのため、**市場株価平均法**などと呼ばれることもあります。

●図表２-12　株式市価法のイメージ

▶市場取引価格がない場合①──株価倍率法

　株式市価法の例では、ニワトリが売買される市場が存在することを前提としていましたが、取引市場がない特定の地域で市場を介さずニワトリを売買しようとする場合はどのように取引価格を決めればいいでしょうか。たとえばニワトリの取引市場が東京にしかない場合、その他の地域では東京の市場で日々売買されるニワトリの価格と、ニワトリが1年間に産む卵の個数に関する情報に基づきニワトリの想定取引価格を推計することができます。

　仮に、年間約340個の卵を産むグレードのニワトリは東京の取引市場で1羽当たり28,800円で売買されているとします。標準的なニワトリなので産む卵は10円で売れ、飼育費も年間1,000円であるとします。このグレードのニワトリをもてば、卵の売価10円×年間340個－年間飼育費1,000円＝2,400円で、1年間に2,400円の利益を上げることができます。それが28,800円で売買されているということは、年間利益の12倍の価格が付いていることになります。

　この年間利益の12倍という「倍率」を用いて評価する手法が**株価倍率法**です。初めに前提としたニワトリは、年間利益が2,650円でしたので、2,650円×12倍＝31,800円の価格が付けられると考えられます。

　企業価値評価では、上場する会社の利益などの財務数値と株価の関係を使って倍率を計算し、この倍率を評価対象企業の財務数値に乗じることで評価します。

　株価倍率法では、評価対象そのものの市場取引価格でなく、他のものの取引価格を基準に評価を行うので、間接的に市場取引価格（マーケット）を利用する手法といえます。詳細は後述しますが、実際の企業価値評価では類似企業の選定が重要となります。他の類似企業の市場価格との比較で評価するため、**類似会社比準法**、**類似公開会社比較法**などとも呼ばれます。

▶市場取引価格がない場合②──類似取引比準法

　次に、取引市場の取引相場情報が入手できないケースを考えてみましょ

●図表2-13　株価倍率法／類似取引比準法のイメージ

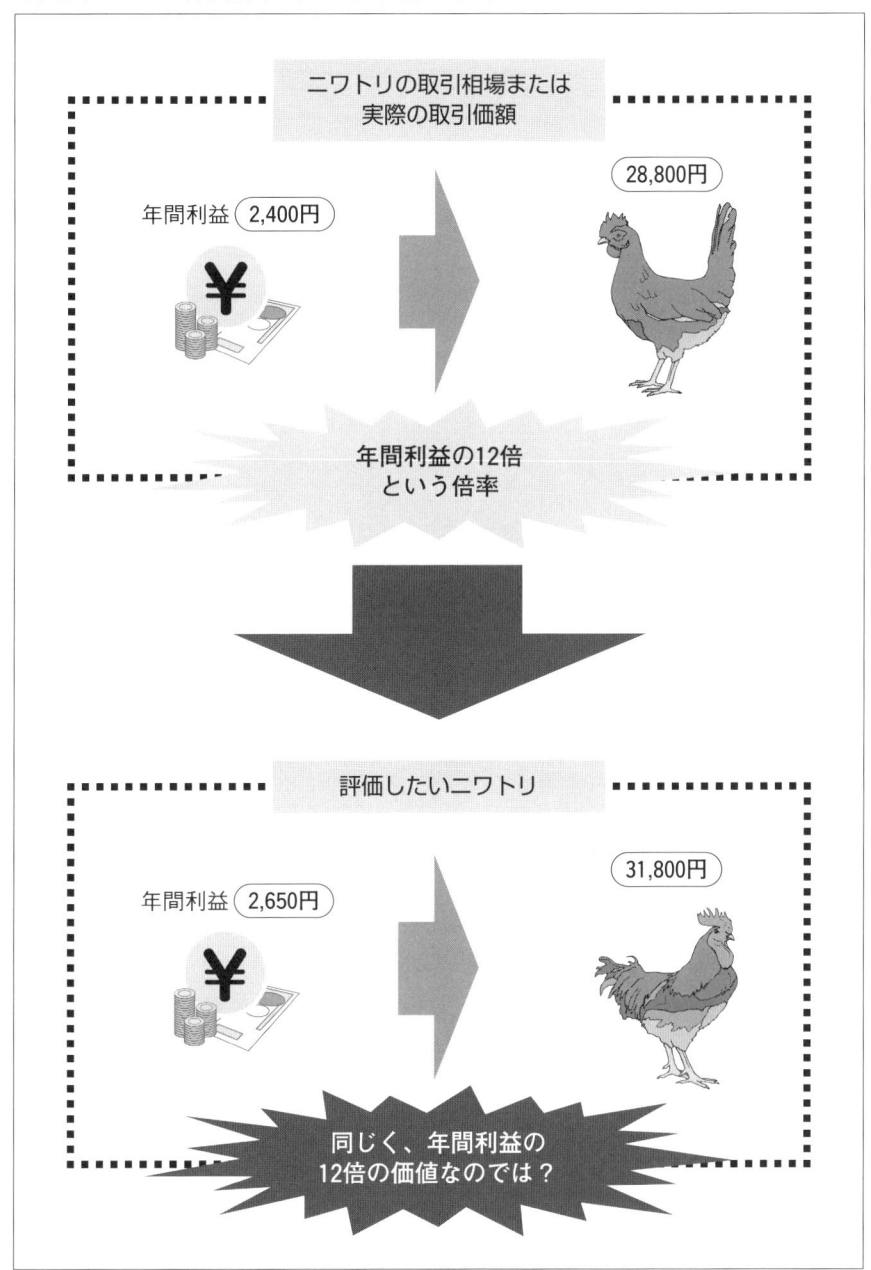

ニワトリの取引相場または実際の取引価額

年間利益 2,400円　　28,800円

年間利益の12倍という倍率

評価したいニワトリ

年間利益 2,650円　　31,800円

同じく、年間利益の12倍の価値なのでは？

第2章　企業価値評価を理解するための基本知識

う。

　取引市場の相場情報は入手できないが、たまたま隣町で同グレードのニワトリが1週間前に1羽40,000円で売買された実績があったとします。そのニワトリが年間に産む卵の数は350個、飼育費は評価したいニワトリと同じく年間1,000円かかるとします。また標準的なニワトリなので、産む卵は1個10円で売れるものとします。

　これだけの情報が得られたとしたら、先ほどの株価倍率法の例と同じように取引価格と年間利益の倍率を計算するわけですが、卵の売価10円×年間350個－年間飼育費1,000円＝年間利益2,500円で、ニワトリが40,000円で売買されたのですから、このニワトリは年間利益の16倍の価格で取引されたことになります。

　この取引事例から計算された、「年間利益の16倍」という倍率を適用して評価するのが**類似取引比準法**です。評価したいニワトリは年間2,650円の利益を上げますので、2,650円×16倍で42,400円と評価されます。

　過去の取引事例も、広い意味で取引市場（マーケット）の情報であるので、株価倍率法と同じく、間接的に取引価格を利用している手法であるといえます。

　過去の取引価格を間接的に利用する点で、考え方は株価倍率法と同じであり、実際の企業価値評価では株価倍率法と同じく取引の類似性が重要になります。なお、過去の取引を参照することになるので、事例の時期にも留意する必要があります。取引事例があったとしても、それが10年前の事例では説得力に欠けるものになるかもしれません。

❖利益やキャッシュ・フローに注目する「インカム・アプローチ」

　インカム・アプローチとは、利益やキャッシュ・フローに注目して企業を評価するアプローチです。インカム・アプローチの実際については、第4章で詳しく説明します。

　インカム・アプローチにおける代表的な手法として、**DCF（Discounted Cash Flow）法**があります。DCF法は企業が将来生み出すキャッシュ・

フローに着目するという点において、財務的には最も理論的な評価手法と考えられています。その他、インカム・アプローチには、収益還元法、配当還元法、調整現在価値法などが含まれます。ここでは、インカム・アプローチの中で実務で最も多用されているDCF法について説明しておきます。

▶実務で最も使われるDCF法

　前述のニワトリの例では、卵の売上から飼育費を差し引いて所有者に年間2,650円の利益がもたらされます。今年も、来年も、所有者は今後毎年2,650円の利益を手にすることができるわけです（ここではニワトリの寿命は永久との前提）。

　しかしながら、企業価値評価の前提となっているファイナンス理論の世界では、「貨幣の時間価値」という考え方が存在し、今現在手元にあるわけではない将来の現金流入（キャッシュ・フロー）は現在価値に割り引いて評価します。

　さらに、企業経営は将来の不確実性（リスク）にさらされています。例としているニワトリも、将来病気にかかって１日１個の卵が産めなくなるかもしれません。年間1,000円の飼育費も同様に不確実性にさらされています。卵の値段についても、来年も再来年も１個10円かどうかは確実ではありません。

　こうした将来の利益やキャッシュ・フローについて「貨幣の時間価値」と「将来の不確実性」を反映させるため、**「割引現在価値計算」**という計算が行われます。詳細は第４章で説明しますが、「割引率」というものを設定し、将来のキャッシュ・フローの流列を現在まで割引計算します。

　割引現在価値計算は、金利の複利計算と逆の理屈であり、割引率10％とすると２年後の1,000円は現在の826円と等しく（$1,000円 ÷ (1 + 10\%)^2$）なります。また、毎年1,000円が永久に得られる権利があり、割引率を同じく10％とすると、その割引現在価値の総計は、無限等比数列の和の公式により、1,000円÷10％＝10,000円となります。

　ここでは、ニワトリが将来産む卵の数は減少し、卵の値段も将来下がる

と考えられるため、ニワトリの損益（キャッシュ・フロー）は図表2-14のようになるものとします。

※貨幣の時間価値：投資を行ってからその成果が回収されるまでの時間の価値。

●図表2-14　ニワトリの損益予測（キャッシュ・フロー予測）

（単位：円）

	来年	2年後	3年後	4年後以降
産む卵の数：(A)	365	360	350	350
卵の値段：(B)	10	10	9	9
売上高：(A)×(B)	3,650	3,600	3,150	3,150
－）経費	900	900	900	800
利益（キャッシュ・フロー）	2,750	2,700	2,250	2,350

　この予測に基づく将来キャッシュ・フローを図表2-15のように割引計算すると、1〜3年目の将来キャッシュ・フローの現在価値合計は6,420円（図表2-15上）、4年目以降の将来キャッシュ・フローの現在価値合計は17,649円（図表2-15下）となり、これらの合計24,069円がDCF法によるニワトリの評価額となります。

　DCF法は、その評価対象企業が生み出す将来の経済的価値（キャッシュ・フロー）に着目した評価手法であり、求められる価値は内在的な価値あるいは本源的な価値であるといえます。よって一般的には、企業価値評価上、最も重要視されるものです。

　しかしながら、将来キャッシュ・フローの見積りや割引率の設定に関する判断は必ずしも容易ではなく、合理的でない前提に基づき算定を行うと大幅に評価を誤ってしまう危険もはらんでいます。

　本章では、DCF法の基本的な概念を掴むために、ニワトリを例にとって簡素化した説明を行っていますが、将来キャッシュ・フローの見積りや割引率の設定については、第4章で詳しく説明します。

● 図表2-15　割引現在価値計算

割引現在価値計算（1～3年目）
割引率：10%

（単位：円）

	現在	来年	2年後	3年後
利益（キャッシュ・フロー）		2,750	2,700	2,250
経過年数		1	2	3
$1/(1+割引率)^{年数}$		0.909	0.826	0.751
割引現在価値				
1年目	2,500			
2年目	2,230			
3年目	1,690			
割引現在価値合計	6,420			

割引現在価値計算（4年目以降）
割引率：10%

（単位：円）

	3年目	4年目	5年目	6年目	7年目…
利益（キャッシュ・フロー）		2,350	2,350	2,350	
経過年数（3年目時点からの）		1	2	3	
$1/(1+割引率)^{年数}$		0.683	0.621	0.564	
割引現在価値					
3年目時点	23,500				
現時点	17,649				

無限等比数列の和の公式により算定

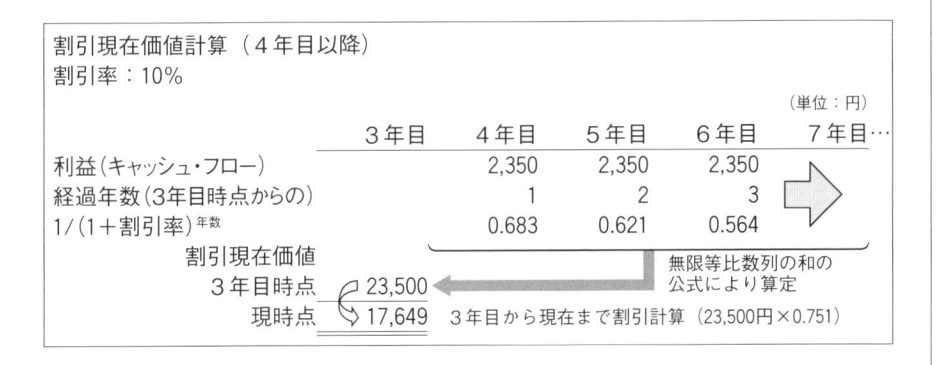

3年目から現在まで割引計算（23,500円×0.751）

❖資産の価値からアプローチする「コスト・アプローチ」

　コスト・アプローチとは、評価対象企業を構築するためにかかるコストに着目して企業価値を評価するアプローチです。コスト・アプローチの実際について、詳しくは第5章を参照してください。

　コスト・アプローチでは、貸借対照表の資産と負債の純額である純資産に焦点を当てるため、**ネットアセット・アプローチ**と呼ばれることもあります。資産・負債をどう評価するかによって、大きく簿価純資産法と時価純資産法ないしは修正純資産法の2つに分類されます。

▶簿価純資産法、時価純資産法の２つの手法

　ニワトリの例を用いるとすると、たとえばひよこを購入して１年間育ててきたものと仮定します。ひよこの購入に10,000円かかり、１年間の飼育費に1,000円かかったとします。現在までに10,000円＋1,000円＝11,000円かかったことになります。この支出の総額11,000円が貸借対照表に計上されているとすれば、それをもってニワトリの評価額とするのが、**簿価純資産法**です。

　さらに、このニワトリと同グレードで同様の成長度合いのニワトリをニワトリ業者から今購入しようとすると、18,000円かかるとします。この同種のニワトリの価格18,000円で評価するのが**時価純資産法**ないしは**修正純資産法**です。

　ニワトリの例では、負債がありませんが、実際の企業は資産に対して負債があります。資産の簿価から負債の簿価を差し引いた簿価純資産、あるいは資産の再調達原価や正味売却価額から、負債の再調達原価や正味売却価額を差し引いた時価純資産で評価するのがコスト・アプローチです。

　実際の企業価値評価では、企業が貸借対照表に計上している資産・負債のすべてを時価（再調達原価または正味売却価額）で評価することは実務上困難です。実務では、土地や有価証券など時価の把握がしやすく、かつその時価と簿価の差が重要と考えられるもののみ時価評価し、その他の資産・負債は簿価で据え置く場合もあります。

　不動産賃貸会社や有価証券の運用のみを行う投資会社など、保有している資産そのものに価値があり、その価値の把握が容易な企業の評価では有効な手法になります。

●図表２-16　簿価純資産と時価純資産

簿価純資産（貸借対照表） ＋ 資産・負債の含み損益 ＝ 時価純資産（修正純資産）

# 第3章

マーケット・アプローチによる評価と実際

1 株式市価法による評価と実際

株式を上場している企業を評価するときに用いるアプローチ

❖ 株式市価法とはどういうものか

　株式市価法とは、評価対象企業がその株式を上場している場合に、株式取引市場で取引された株価の一定期間における平均値などをもって、1株当たりの株主資本価値とする評価方法です。**市場株価平均法**などと呼ばれることもあります。

　株式市場において実際に取引されている株式の株価は、一般に当該企業の成長性、収益力など投資家のさまざまな視点や考えを反映した価格と考えられます。そのため、株式市価法は、一般的に客観性の高い評価手法と位置づけられています。

　株式市価法において採用される株価の算定期間は、直近日の株価の他、株価の1ヶ月平均、3ヶ月平均、6ヶ月平均の数値などが用いられ、その最大値と最小値の範囲で評価の幅を設定したりします（**図表3-1**）。また、対象企業の最新の株価を重視する場合もありますし、株価への一時的な要因の影響を和らげるという観点から一定期間の平均株価により重きを置く場合もあり、算定期間については状況に応じて判断が必要です。

❖ 株価推移が異常な場合の取扱い

　株式市価法においては、算定期間中の株価に異常値が含まれていると考えられる場合は、当該期間の株価の取扱いについて検討する必要があります。

　異常値を検証する際に有効な分析は**イベント分析**です。

　イベント分析とは、評価対象企業の市場株価や出来高の推移と、評価対

●図表3-1　株式市価法による評価

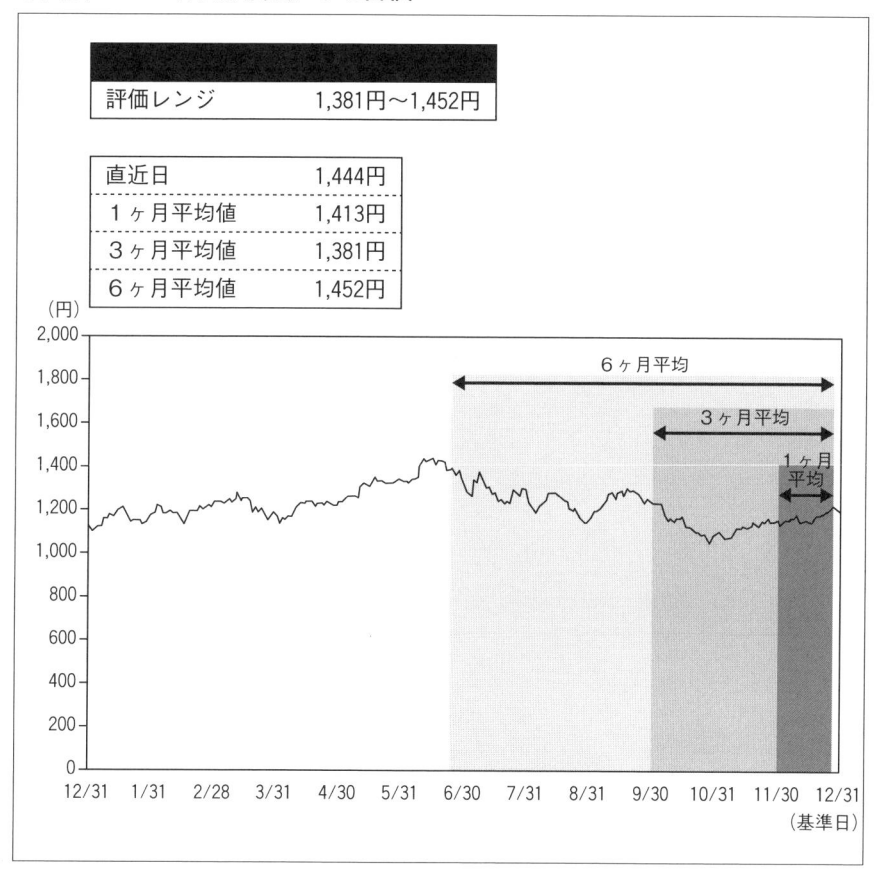

評価レンジ	1,381円〜1,452円

直近日	1,444円
1ヶ月平均値	1,413円
3ヶ月平均値	1,381円
6ヶ月平均値	1,452円

象企業の公表するプレスリリースや報道機関による報道などとを照らし合わせ、その株価への影響を分析し、株価の異常な変動がないかどうかを確認する分析です。

図表3-2のように、株価と出来高を1つのグラフにすると、株価の上昇・下落と出来高の変動を比較して分析することができます。会社のホームページでプレスリリースを確認したり、インターネットなどで過去の記事を検索したりすると、そのような動きのある時点で何らかの重要なイベントが生じていることが多くあります。イベント分析の結果は、過去の株価の

平均値を算定する際に、特殊なイベントによる株価変動の有無、またその株価変動が発生した期間を平均値の算定に含めるか否かの重要な判断材料を提供してくれるものです。

●図表3-2　イベント分析の例

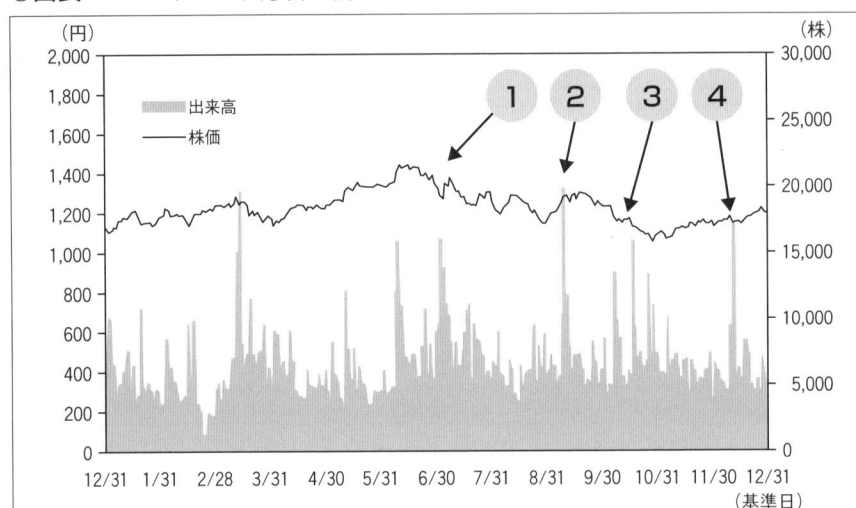

No.	日付	媒体	イベントの内容	株価
①	7/3	プレスリリース	業務提携先との提携解除を公表	下落
②	9/2	新聞記事	競合他社を買収するとの情報	上昇
③	10/20	新聞記事	自動車販売台数が、1年ぶりに前月比でマイナス	下落
④	12/10	プレスリリース	新成長戦略を含んだ中期経営計画を公表	―

❖異常な株価推移の検証事例

　イベント分析の結果をどのように算定期間の判断に反映させるのか、こ

こで1つ事例を見てみましょう（**図3-3**）。

ある投資ファンドが、上場会社のA社を買収しようとしています。買収価格の算定にあたって、投資ファンドは、株式市価法を用いてA社の株主資本価値の評価分析を実施しており、A社株式の直近の取引日は9月30日とします。しかしながら、イベント分析の過程で、9月6日頃から、株価が急騰しており、その付近で出来高も大幅に増えていることがわかり

●図表3-3　異常な株価推移の事例

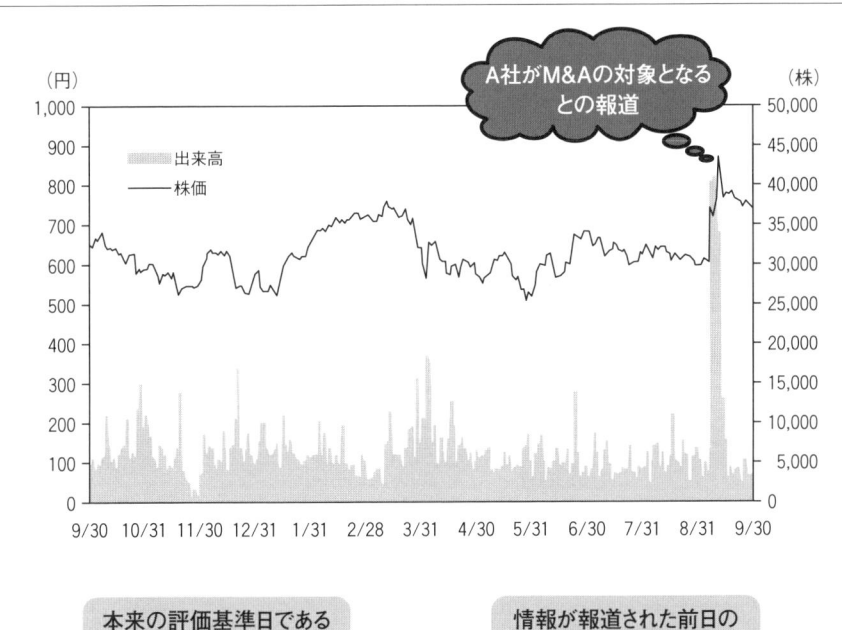

（A社がM&Aの対象となるとの報道）

本来の評価基準日である9月30日を基準日とした場合の平均株価	
直近日（9/30）	741円
1ヶ月平均値	737円
3ヶ月平均値	665円
6ヶ月平均値	633円

情報が報道された前日の9月5日を基準日とした場合の平均株価	
直近日（9/5）	608円
1ヶ月平均値	683円
3ヶ月平均値	627円
6ヶ月平均値	645円

ました。調べてみると、9月6日の朝方、一部の報道機関から、「A社がM&Aの対象となる」とのニュースが流されていました。その日から、A社の株価は急騰しています。

急騰後の株価は、果たしてA社の事業の真の実力を表す客観的な評価を反映したものといえるでしょうか。

多くの投資家が、「今の株価より高い価格でA社の株が買い付けられるに違いない」と期待して、A社の株式に買い注文を入れた結果、株価が高騰しているとも考えられます。だとすれば、この株価変動はA社の事業の実力が高まった結果ではなく、A社株式の本源的価値とは無関係のものです。

このような場合は、たとえば情報が流された前日を基準日として平均株価を算定するなど、株価がリーク情報により高騰した期間を算定期間から除外したほうが望ましいといえます。

実際に、評価基準日を9月30日から9月5日に変更すると、平均値の水準が大幅に変わるため、評価への影響は小さいとはいえません。

❖株式の流動性を検証する

次に、株式の流動性という観点から、株価の妥当性を検証する方法について見てみることにしましょう。

株式市価法は、一般に評価対象企業に対する市場（投資家）のさまざまな視点や考えを反映した客観性の高い評価手法だと述べました。その前提となるのは、評価対象となる株式が株式市場において継続的かつ活発に取引されることでその流動性が確保されていることです。つまり、たまにしか売買されていない株式の株価は、多数の投資家の視点や考えを反映した妥当な株価とはいえない場合があるということです。

株式出来高が著しく低い企業の株価は、株価が実態から乖離しているケースもあります。そのような企業の評価を行う際には、株式市価法の採用や、その評価結果の位置づけについて慎重に吟味する必要があります。

流動性を検証する方法として、株式回転数の分析があります（**図表3-4**）。

これは、対象企業の直近1年の出来高株数と発行済株式数（自己株式を除く）がわかれば簡単に算定できますので、他の企業と比べて相対的な流動性の高低を確認したい場合に有効です。

流動性が異なる要因として、1つには市場の違いが挙げられます。日本ではやはり、市場に参加する投資家数の多い東証1部に上場している企業の株式の出来高数に比べると、新興市場に上場している企業の株式の出来高数は相対的に低い銘柄が多く見られます。

また、株主構成も重要でしょう。親会社や、オーナーの資産管理会社などの持ち株比率が高い企業や、取引先が持ち合い株式として当該企業の株式を多く保有している場合、そうした株主は保有株式を継続保有する考えからあまり売買しませんので、出来高数が低くなる傾向にあります。

●図表3-4　株式回転数の分析

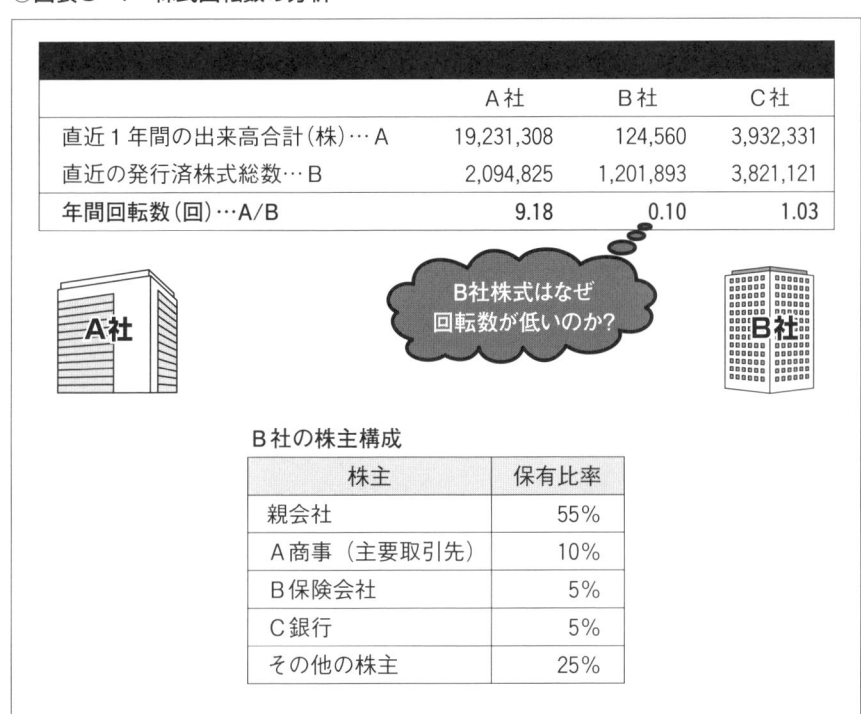

	A社	B社	C社
直近1年間の出来高合計（株）…A	19,231,308	124,560	3,932,331
直近の発行済株式総数…B	2,094,825	1,201,893	3,821,121
年間回転数（回）…A/B	9.18	0.10	1.03

B社株式はなぜ回転数が低いのか？

B社の株主構成

株主	保有比率
親会社	55%
A商事（主要取引先）	10%
B保険会社	5%
C銀行	5%
その他の株主	25%

❖株価の平均値の算定方法

　株価の平均値の算定方法は、終値を単純に平均する方法が一般的ではありますが、日によって出来高のばらつきが大きい企業の株価などは、出来高を重視した出来高加重平均価格を用いることもあります。

　図表3-5は、ある企業の12月中の株価推移を示したものです。株価の終値を単純に平均した数値と出来高加重平均価格とでは、23円もの差が生じています。終値の高い日に出来高が多い場合にはこのような結果になります。

　どちらが正しいというものはありませんので、それぞれの方法によって算定された数値を比較しながら、より実態に合った方法を用いるというスタンスが望ましいといえます。

●図表3-5　終値平均値と出来高加重平均価格

	終値	出来高株数	終値×出来高
12月1日	900	3,000	2,700,000
12月2日	915	9,000	8,235,000
12月3日	920	12,000	11,040,000
12月4日	930	10,000	9,300,000
12月5日	935	7,000	6,545,000
12月8日	935	6,000	5,610,000
12月9日	930	8,000	7,440,000
12月10日	920	2,000	1,840,000
12月11日	940	10,000	9,400,000
12月12日	950	30,000	28,500,000
12月15日	1,000	100,000	100,000,000
12月16日	980	80,000	78,400,000
12月17日	970	90,000	87,300,000
12月18日	960	50,000	48,000,000
12月19日	965	40,000	38,600,000
12月22日	975	20,000	19,500,000
12月24日	980	25,000	24,500,000
12月25日	950	80,000	76,000,000
12月26日	900	2,000	1,800,000
12月29日	925	10,000	9,250,000
12月30日	920	7,000	6,440,000
		601,000	580,400,000

終値単純平均：943円

出来高加重平均価格：966円
（580,400,000÷601,000）

23円の差

2 株価倍率法による評価(1)
——株価倍率法とは

非上場株式を評価するときの最も重要な手法

❖株価倍率法とはどういうものか

　株価倍率法とは、評価対象企業と類似する上場企業の株式時価総額（または事業価値）を、利益などの財務数値で除して株価倍率を算定し、そのうえでその株価倍率を評価対象企業の財務数値に乗じて株主資本価値（または事業価値）を評価する方法です。

　株価倍率法も株式市価法と同じく、株式取引市場において実際に取引されている株価に着目する評価手法ですので、比較的客観性の高い評価手法と位置づけられています。

　また、後述するDCF法ほど多くの財務分析を要さないことから、ファイナンスの専門的な知識を有さずとも比較的容易に実施できる評価手法といえます。

　非上場株式の評価においては、（株式が上場されていないので）株式市価法は採用できません。よって株価倍率法は、非上場株式の評価実務において最も重要な評価手法の1つです。また、上場株式の評価においても、株式市価法の評価結果を検証する目的で用いられることが多くあります。

　図表3-6は、株価倍率法による株主資本価値の算定の流れを簡単に示したものです。

　類似企業の株式時価総額（100億円）と当期利益（10億円）から、株価倍率（10倍）を算定し、その株価倍率を用いて、評価対象企業の株主資本価値（90億円）を算定しています。

●図表3-6　株価倍率法による評価の流れ

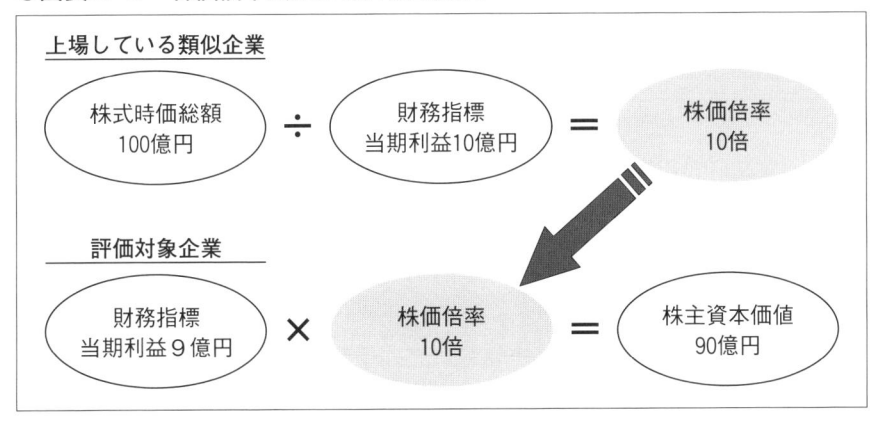

上場している類似企業

株式時価総額100億円 ÷ 財務指標 当期利益10億円 ＝ 株価倍率10倍

評価対象企業

財務指標 当期利益9億円 × 株価倍率10倍 ＝ 株主資本価値90億円

❖株価倍率法で用いられる株価倍率の種類

　株価倍率法において用いられる株価倍率には、大別して①事業価値に対する株価倍率と、②株式時価総額に対する株価倍率の2つがあります。

●図表3-7　株価倍率の種類

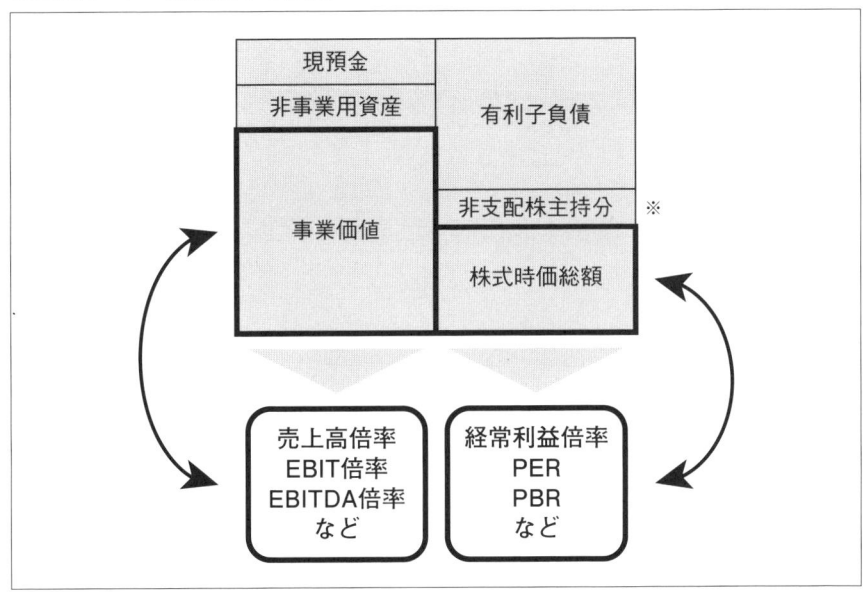

現預金
非事業用資産
有利子負債
事業価値
非支配株主持分 ※
株式時価総額

売上高倍率
EBIT倍率
EBITDA倍率
など

経常利益倍率
PER
PBR
など

※使用する数値は、連結ベースであることを想定している。

❖事業価値に対する株価倍率

　事業価値に対する株価倍率には、**売上高倍率**、**EBIT倍率**、**EBITDA倍率**などがあり、事業価値を、売上高、金利税金差引前の利益であるEBIT（Earnings Before Interest and Taxes）や金利税金減価償却費差引前の利益であるEBITDA（Earnings Before Interest, Taxes, Depreciation and Amortization）で除して算定します。

　売上高やEBIT、EBITDAなどの財務数値は、営業外損益の項目である支払利息や受取利息などの金融収支が反映されていない、事業が生み出す収益力を表したものであることから、これらを指標とした倍率は株式時価総額ではなく、それに金融収支の元本部分である有利子負債や現預金を調整した後の、事業価値と比較することにより株価倍率の算定を行います。

●図表3-8　事業価値に対する株価倍率

$$売上高倍率 = \frac{事業価値}{売上高}$$

$$EBIT倍率 = \frac{事業価値}{EBIT}$$

$$EBITDA倍率 = \frac{事業価値}{EBITDA}$$

・EBIT
「Earnings Before Interest and Taxes」の略であり、金利税金差引前利益のことを指す。経常利益に支払利息を加えて、受取利息を差し引いて求める。

・EBITDA
「Earnings Before Interest, Taxes, Depreciation and Amortization」の略であり、EBITに固定資産の償却費を加算して求める。

❖事業価値の算定方法とは

　事業価値は、株価に基づく自己資本の価値である株式時価総額に、他人資本である非支配株主持分と有利子負債を加算して、それからさらに現預金と非事業用資産を減算することで算定することができます（**図表3-9**）。

◉図表3-9　事業価値の算定方法

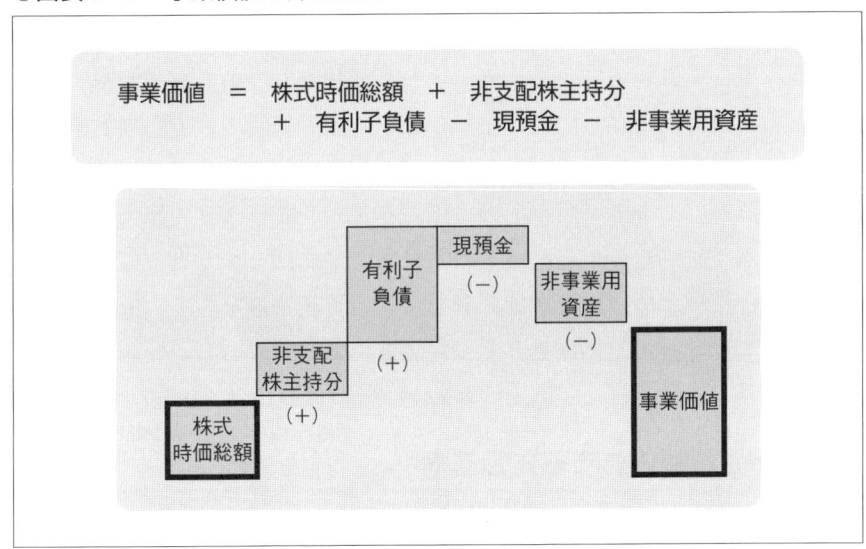

```
事業価値 ＝ 株式時価総額 ＋ 非支配株主持分
         ＋ 有利子負債 － 現預金 － 非事業用資産
```

▶⑴有利子負債および非支配株主持分の加算

　事業価値の算定にあたっては、まず株価に基づく自己資本の価値である株式時価総額に、他人資本である非支配株主持分および有利子負債の額を加算します。これらを加算後の数値が、いわゆる企業価値であり企業全体の価値を表します。

　なお、非支配株主持分とは、子会社の連結上の純資産額のうち親会社の持分に属しない部分のことをいいます。

▶(2) 現預金および非事業用資産の減算

　事業価値を算定するために、上記で算定された企業価値から現預金と非事業用資産の価値を減算します。これは、現預金と非事業用資産はいわゆる余剰資産であり、事業の運営に直接供されていないため、事業価値の一部を構成するものとは考えられないためです。現預金は、事業運営に不可欠な必要運転資金残高を含んでいますが、類似企業各社の必要運転資金残高を把握することは現実には不可能なので、実務では全額を余剰現預金とみなして、控除する場合がほとんどです。

　非事業用資産については、余資運用として保有している有価証券（流動資産）や投資有価証券（固定資産）の他、営業で使用されていない不動産など、さまざまな資産が考えられますが、複数の類似企業で一律の前提に合わせるために、貸借対照表上の有価証券と投資有価証券の簿価を非事業用資産とみなして減算するケースや、持ち合い株式を多く有していると推測される企業などは、投資有価証券を事業用資産とみなして、有価証券のみを減算するケース、またそもそも非事業用資産は有していないものとみなして評価するケースなどいくつかのパターンがあります。

❖株式時価総額に対する株価倍率

　株式時価総額に対する株価倍率には、経常利益倍率、PER、PBRなどがあります。

　株式時価総額を、経常利益で除した倍率を**経常利益倍率**、当期純利益で除した倍率を**PER**（Price Earnings Ratio）、簿価純資産で除した倍率を**PBR**（Price Book Ratio）と呼びます。

　経常利益や当期純利益は、他人資本である有利子負債に対する支払利息を控除した後の利益であり、株主にとっての損益を表していることから、株価倍率を算定する際には株式時価総額と直接比較して株価倍率を算定します。

　また、純資産額は会計上の株主の持分を表す数値ですから、これも株式時価総額と直接比較されるのです。

● 図表3-10　株式時価総額に対する株価倍率

$$経常利益倍率 = \frac{株式時価総額}{経常利益}$$

$$PER = \frac{株式時価総額}{当期純利益}$$

$$PBR = \frac{株式時価総額}{簿価純資産額}$$

❖財務数値以外の株価倍率

　実務で用いられるケースは決して多くないものの、**図表3-11**で示したように、財務数値以外の株価倍率を用いて事業価値を算定する場合もあります。株価倍率はもともと投資家が会社を評価する際に重視する指標ですので、事業に密接に関連する指標が用いられるケースが多いようです。

● 図表3-11　財務数値以外の株価倍率の例

▶ **資源発掘会社**
　事業価値÷資源埋蔵量

▶ **インターネットプロバイダー**
　事業価値÷インターネットポータル利用者数

▶ **ケーブルテレビ会社**
　事業価値÷加入者数

▶ **コンビニエンスストア業**
　事業価値÷店舗数

▶ **投資顧問会社、証券会社**
　事業価値÷顧客預り資産　　　　　　など

❖株価倍率法に基づく算定プロセス

　株価倍率法による算定プロセスは以下のとおりです。類似企業の選定からスタートして、最終的に評価対象企業の株主資本価値を算定します。次節で、実際の算定プロセスを詳しく説明します。

●図表3-12　株価倍率法に基づく算定プロセス

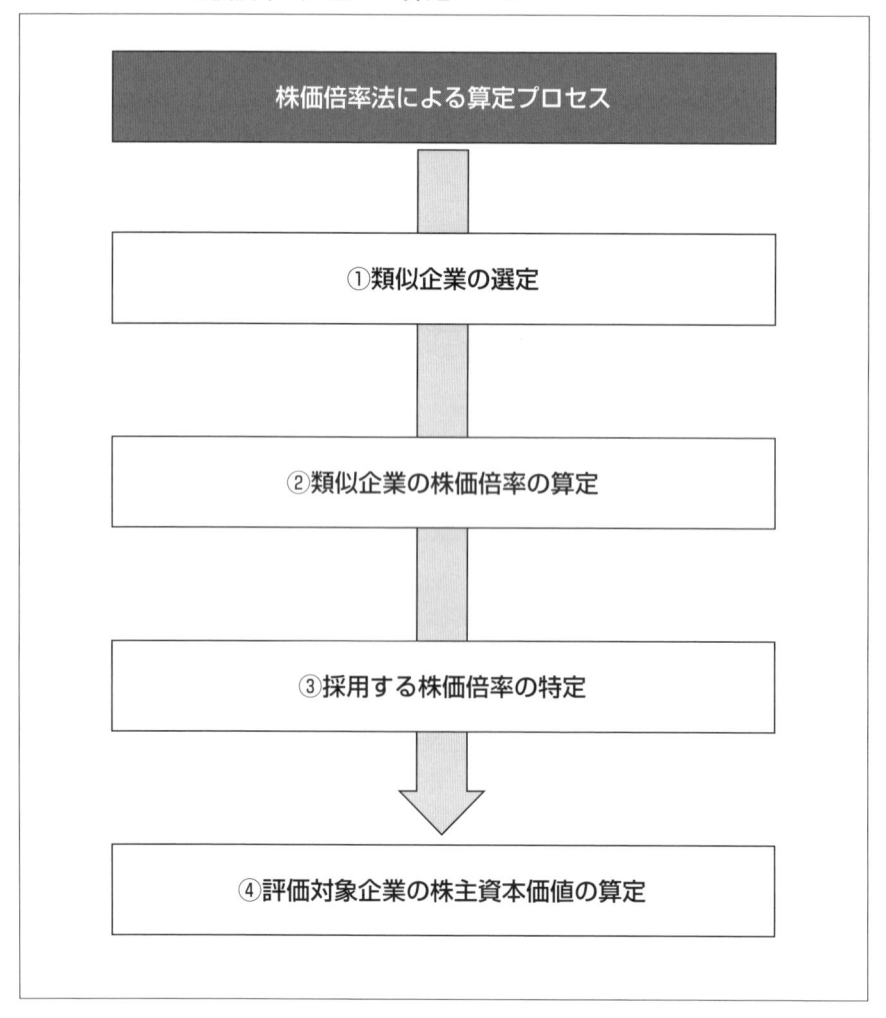

```
株価倍率法による算定プロセス
        ↓
①類似企業の選定
        ↓
②類似企業の株価倍率の算定
        ↓
③採用する株価倍率の特定
        ↓
④評価対象企業の株主資本価値の算定
```

●図表3-13　株価倍率法の算定プロセスと検討事項

算定プロセス	検討事項
①類似企業の選定	・類似企業の選定基準 ・類似企業の選定数
②類似企業の株価倍率の算定	・財務指標の期間 ・株価倍率の種類
③採用する株価倍率の特定	・財務内容の比較 ・平均値、中央値、その他の特定倍率の採用
④評価対象企業の株主資本価値の算定	・株価倍率の算定メカニズムとの整合性

3 株価倍率法による評価(2)
——価値算定プロセスと事例

自動車部品メーカーX社の価値を算定してみると

本書では、架空の自動車部品メーカーX社を例として価値算定プロセスの説明を行っていきます。ここでまず、X社の概要について触れておきましょう。

[X社の概要]

X社は売上高300億円の中堅メーカーで、主要製品では業界3位に位置する企業です。直近の2010年度において営業利益率は4.3％で、特殊要因はありませんでした。市場ではX社が2011年度も引き続き堅調な業績を維持すると予想されています。

また、X社と同種の製品を製造する企業も多数上場しており、これらの業界上位企業が類似企業と考えられています。

X社の財務数値は**図表3-14**のとおりです。

❖類似企業を選定する

▶類似企業の選定基準

類似企業の選定においては、業種・業界はもとより、規模、製品構成、地域、資本構成、利益率、成長性などを総合的に検討し、その類似性を判断することが重要になります。

株価倍率法を用いた評価においては、この類似企業の選定が重要です。株価倍率法による評価結果の妥当性は、類似企業の選定の妥当性にかかっているといっても過言ではありません。

なお、証券会社の発行するアナリストレポートでは、対象銘柄の競合他社比較という切り口が用いられていることが多く、市場の投資家が意識し

●図表3-14　X社の概要

貸借対照表

(単位：百万円)	2011年3月末 （前期実績）		2011年3月末 （前期実績）
流動資産		流動負債	
現預金	2,500	支払手形・買掛金	4,000
有価証券	1,000	短期借入金	500
受取手形・売掛金	5,500	合計	4,500
たな卸資産	2,000		
合計	11,000	固定負債	
		長期借入金	4,500
固定資産		合計	4,500
建物	3,000	負債合計	9,000
機械装置	4,000		
土地	2,000		
投資有価証券	4,000	純資産	
合計	13,000	株主資本	15,000
資産合計	24,000	負債・純資産合計	24,000

損益計算書

(単位：百万円)	2010年度 （前期実績）	2011年度 （今期予想）
売上高	30,000	30,860
売上原価	(26,500)	(27,060)
売上総利益	3,500	3,800
売上総利益率	11.7%	12.3%
販売管理費	(2,200)	(2,400)
営業利益	1,300	1,400
営業利益率	4.3%	4.5%
経常利益	1,300	1,400
特別損益	0	0
税引前利益	1,300	1,400
法人税等	520	560
当期純利益	780	840
上記損益計算書に含まれる減価償却費	(1,500)	(2,000)
EBITDA（営業利益＋減価償却費）	2,800	3,400

ている比較投資銘柄の概略をつかむうえでの参考になります。

▶類似企業の妥当な選定数とは

　類似企業の選定数として、何社程度が妥当か決まりがあるわけではありませんが、株価倍率を類似企業の平均値などから求める場合には、ある程度の母集団が必要となるでしょう。業種により公開企業数が異なるため、目安を示すことは困難ですが、実務的には5社から10社程度の類似企業を考慮することが望ましいといえるでしょう。

●図表3-15　類似企業選定の際の留意事項

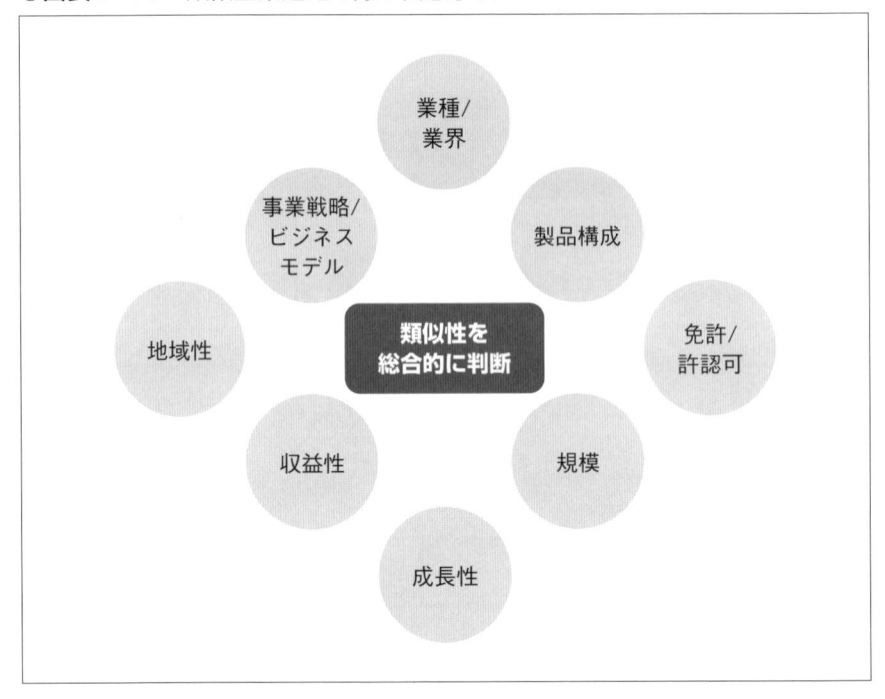

中央：類似性を総合的に判断

周囲の要素：
- 業種/業界
- 製品構成
- 免許/許認可
- 規模
- 成長性
- 収益性
- 地域性
- 事業戦略/ビジネスモデル

▶X社の類似企業の選定

　図表3-16は、X社の評価を行うにあたって選定した類似企業の一覧です。X社の主要製品と競合する製品の製造・販売を行っている上場企業5社（A

～E社）を選定しています。

　売上高の規模や、成長性、収益性などにX社と多少の差異は見られるものの、ある程度の母集団が必要なこともあり、すべての企業を類似企業として選定し、株価倍率の算定を行うこととします。

●図表3-16　X社の類似企業

	X社	類似公開会社 A社	B社	C社	D社	E社
主要事業	自動車部品製造	自動車部品製造	自動車部品製造	自動車部品製造	自動車部品製造	自動車部品製造
業界順位	3位	1位	2位	4位	5位	6位
売上高	300億円	600億円	400億円	200億円	180億円	80億円
成長性	良好	良好	鈍化	良好	鈍化	悪化
収益性	良好	良好	悪化傾向	良好	悪化傾向	悪化傾向
販売地域	日・米・欧 新興国	日・米・欧 新興国	日・米・欧	日・米・欧 新興国	日・米・欧	日本
戦略	拡大	拡大	A社に対抗	技術力で生き残り	—	—

❖類似企業の株価倍率の算定

　類似企業の選定が終わったら、次は類似企業の株価倍率の算定に移ります。株価倍率を算定するためには、株式時価総額と事業価値の算定が必要です。

　図表3-17では、X社の類似企業の株式時価総額および事業価値の算定に至る過程を示しています。

　なお、ここで用いる発行済株式数や、有利子負債などの財務データについては、実務では評価基準日に一番近い四半期決算のデータを用いることが多くあります。財務データは会社のホームページなどに掲載されている決算短信や有価証券報告書から入手することができます。

▶株式時価総額の算定

　まず、株式時価総額は、類似企業の株価と発行済株式数(自己株式が存在する場合には自己株式数を控除する)を乗じて算定します。その場合に用いる各社の株価は、直近株価を用いる場合もありますが、実務では、異常値を排除するために、評価基準日から過去に遡って1ヶ月〜3ヶ月間程度の平均値を用いることが多くあります。

▶事業価値の算定

　株式時価総額に、有利子負債と非支配株主持分を加算し、現預金と非事業用資産(ここでは有価証券)の価額を減算して事業価値を算定します。

●図表3-17　類似企業の株式時価総額および事業価値の算定

	類似公開会社				
	A社	B社	C社	D社	E社
株価：円 (1ヶ月平均株価)	1,000	1,500	400	1,500	500
発行済株式数：百万株 (自己株式除く)	26	16	30	12	16
(単位：百万円)					
株式時価総額 (a)	26,000	24,000	12,000	18,000	8,000
有利子負債 (b)	6,000	2,400	8,000	7,000	2,000
非支配株主持分 (c)	2,800	400	900	140	80
現預金 (d)	2,400	2,400	1,000	3,000	240
有価証券 (e)	1,600	3,200	3,400	2,600	2,400
事業価値 (f)=(a)+(b)+(c)−(d)−(e)	30,800	21,200	16,500	19,540	7,440

▶財務指標の期間（実績値と予想値）

　株式時価総額と事業価値を算定したら、次に類似企業の財務数値を準備します。財務数値が揃えば、株式時価総額ないしは事業価値と比較することによって株価倍率を算定することができます。

　株価倍率を算定する際には、実績ベースの数値と予測ベースの数値のいずれかを用います。実績数値、予測数値を用いて算定した倍率をそれぞれ実績株価倍率、予想株価倍率と呼びます。

　株価は、過去の決算内容や今後の決算見通し、経営陣の示す経営戦略などさまざまな要因を織り込んで形成されていますが、一般的には将来の業績見込みに大きく影響されると考えられています。

　たとえば、日経平均株価は、GDP成長率に対する先行指標として認識されており、株価変動は、企業業績を半年程度先行するといわれています。また、株式投資を行っている投資家の多くは、投資対象企業の利益やキャッシュフローの今後の成長可能性に着目して投資判断を行っており、現在の株価水準は将来の収益成長に対する市場参加者の期待を反映しているといえます。

　したがって、株価倍率算定の基となる財務数値も、当期や来期の業績見込み値や予想値を用いた予想ベースのものがより有効と考えられています。これを反映して、実務でも予想ベースの数値を使って倍率を算定する場合が多くあります。

　なお、予想数値は、会社ホームページに掲載されている決算短信や、東洋経済新報社「会社四季報」などから入手することができます。

❖採用する株価倍率を特定する

▶さまざまな株価倍率の種類と特長

　株価倍率にはさまざまな種類がありますが、最近のM&Aにおける評価実務では、EBIT倍率やEBITDA倍率が多く用いられています。これは、EBITやEBITDAが、経常的な事業収益を表す財務数値であり、事業価値を算定する際の指標として適していると考えられているためです。また、

図表3-18 類似企業の株価倍率の算定

	類似公開会社				
	A社	B社	C社	D社	E社
(単位:百万円)					
株式時価総額 (a)	26,000	24,000	12,000	18,000	8,000
事業価値 (b)	30,800	21,200	16,500	19,540	7,440
財務数値(今期予想)					
簿価純資産＊(1)	34,340	25,640	16,420	16,760	7,120
EBIT（営業利益）(2)	2,800	2,800	1,400	(80)	340
EBITDA(3)	8,040	5,960	3,960	2,000	1,480
当期純利益(4)	2,280	1,920	800	(100)	400
株価倍率					
PBR (a)÷(1)	0.8x	0.9x	0.7x	1.1x	1.1x
EBIT倍率 (b)÷(2)	11.0x	7.6x	11.8x	(244.3) x	21.9x
EBITDA倍率 (b)÷(3)	3.8x	3.6x	4.2x	9.8x	5.0x
PER (a)÷(4)	11.4x	12.5x	15.0x	(180.0) x	20.0x

＊前期実績値にて代用

M&Aにおいては、対象会社の資本構成（借入金と自己資本の構成）は、買収後、買主によって再構築されることがあります。よって、借入金利差し引き前の事業収益を重視することもEBIT倍率やEBITDA倍率を用いる要因の1つです。

　ただし、基本的には個々の案件や評価対象企業の特性をよく理解したうえで、採用すべき株価倍率を決定することが必要です。各株価倍率の特長を示したのが**図表3-19**です。

●図表3-19　各種株価倍率の特長

[EBIT倍率]
- ✓ 本業での収益力を表すEBITに基づくものであり、事業会社のM&Aにおいて頻繁に用いられる
- ✓ EBITは減価償却費差し引き後の利益指標であり、対象会社と類似企業の設備の新旧や、償却費の負担の差が評価に影響を与える

[EBITDA倍率]
- ✓ EBITDAは、EBITに償却費を足し戻して計算されるものであり、概念として営業キャッシュ・フローに近く、事業価値に大きな影響を与える指標に基づいているため、事業会社のM&Aにおいて頻繁に用いられる
- ✓ 類似企業の減価償却に関する会計処理が異なる場合もその影響を排除することができる

[PER]
- ✓ 株式時価総額と当期純利益から容易に算定できることもあり、一般投資家の株式投資においては馴染みのある株価倍率
- ✓ ただし、当期純利益は、支払利息などの金融収支や特別損益、税金などが差し引かれた後の利益であり、資本構成や税率の違いにより影響を受けやすい株価倍率である

[経常利益倍率]
- ✓ 経常利益倍率は、金融や不動産業など、有利子負債による資金調達が事業上前提となる業種の企業を評価する際に用いられることが一般的である
- ✓ PERと異なり、経常利益には特別損益や税金の影響が含まれていないので、PERよりも倍率が安定する可能性がある

[PBR]
- ✓ PBRは、純資産（すなわち自己資本）の状況により資金調達力の安定性が左右される金融や不動産業の企業の評価において重視される株価倍率である

[売上高倍率]
- ✓ 売上高倍率は、まだ利益面での実績はないが将来性が期待されるスタートアップ企業や、なんらかの個別理由により一時的な損失に陥っている企業の評価で用いられる場合がある株価倍率である

▶財務内容の比較

一般的に、競合他社と比較してもより優れた収益成長を実現しており、今後もその持続が期待される企業は、その成長期待に伴うより高い株価倍率で評価されることが妥当です。また、業種によっては事業規模が重要な競争要因となることがあり、それらの業界では、規模が大きければ大きいほど、高い株価倍率で評価される場合があります。

評価対象企業に適用する株価倍率の決定に際しては、評価対象企業の収益成長性、財務内容、事業規模等が類似企業との比較においてどのような位置関係にあるかを分析のうえ、採用する株価倍率について適切な判断を下す必要があります。

▶平均値、中央値の使用

評価対象企業に適用する株価倍率を、類似企業の株価倍率の平均値また中央値に基づき決定する場合にはその算定に用いる数値の選択について留意が必要です。

たとえば、類似企業の株価倍率に、マイナスの株価倍率や極端に高い株価倍率が含まれている場合、これらを除いて平均値や中央値を算定することを検討する必要があります（図表3-20）。

●図表3-20　類似企業の株価倍率の平均値・中央値

株価倍率	類似公開会社					平均値	中央値
	A社	B社	C社	D社	E社		
PBR	0.8x	0.9x	0.7x	1.1x	1.1x	0.9x	0.9x
EBIT倍率	11.0x	7.6x	11.8x	(244.3)x	21.9x	13.1x	11.4x
EBITDA倍率	3.8x	3.6x	4.2x	9.8x	5.0x	5.3x	4.2x
PER	11.4x	12.5x	15.0x	(180.0)x	20.0x	14.7x	13.8x

マイナス値を除外して集計する場合もある

❖評価対象企業の株主資本価値の算定

▶株価倍率の算定メカニズムとの整合性

株価倍率と評価対象企業の財務数値を乗じて、事業価値または株主資本価値を算定します（図表3-21）。

EBIT倍率、EBITDA倍率を用いる場合には、事業価値に現預金、非事業用資産の価値を加算し、それから他人資本に帰属する価値である有利子負債、非支配株主持分を控除して、株主資本価値を算定します。

なお、株価倍率法においては、類似企業の株価倍率を算定する際の前提と、評価対象企業の価値を算定する際の前提について、平仄を合わせることが重要です。

たとえば、株価倍率の算定に際して、類似企業の有する現預金を全額減算しているのであれば、評価対象企業についても、基本的には現預金残高全額を加算することが整合的です。もし、DCF法の評価にあたって、現預金のうち一部を事業上の現預金とみなしているとしても、株価倍率の算定に用いた類似企業の財務数値との取扱いとの整合性に鑑みると、株価倍率法の評価にあたっては、現預金残高を全額加算するほうが望ましい、という場合もあります。

●図表3-21　X社の株主資本価値の算定

（単位：百万円）

	X社今期予想値	株価倍率平均値	事業価値	現預金	有価証券	有利子負債	非支配株主持分	株主資本価値
	(a)	(b)	(c)=(a)×(b)	(d)	(e)	(f)	(g)	(a)×(b)または(c)+(d)+(e)−(f)−(g)
EBIT（営業利益）	1,400	13.1x	18,340	2,500	1,000	5,000	0	▶16,840
EBITDA	3,400	5.3x	18,020	2,500	1,000	5,000	0	▶16,520
当期純利益	840	14.7x						▶12,348
簿価純資産*	15,000	0.9x						▶13,500

※X社今期予想値は前期実績値にて代用

4 株価倍率法による評価(3)
——特定業種における株価倍率法採用の留意点

金融機関やベンチャー企業で株価倍率法を用いる際は注意を要する

❖金融機関を評価する際の注意点

　金融機関の場合、金融資産を売買（トレーディング）したり、預金を集めそのお金を貸すなど、金融資産負債の運用によって利益を上げています。

　そのような収益モデルを考慮すると、金融機関の純資産というのは、金融機関の基礎的な体力を表す重要な指標と考えることができます。そこで、金融機関を評価する場合には、PBRを指標の1つとして用いることが多くあります。

　また、PBRは株式時価総額が純資産額の何倍であるかを示す倍率ですので、PBRが高ければ高いほど、それは、その金融機関の資産運用能力が高いと考えることもできるわけです。

❖ベンチャー企業を評価する際の注意点

　バイオやITに代表されるベンチャー企業を評価する場合、その評価対象企業が、まだスタートアップ段階であり、利益を計上していないというケースが数多くあります。一方で、利益が赤字ながらも高い株価で株式を公開をするベンチャー企業も多くあるため、必ずしも利益を上げることが評価を受ける条件とは限りません。

　損益が大幅な赤字の場合、EBITDA倍率やEBIT倍率を用いても評価結果がマイナスになってしまう可能性がありますので、ベンチャー企業を評価する際には、売上高倍率が用いられることがあります。

❖複数事業を営む企業を評価する際の注意点

　複数の事業を営む企業は多くありますが、事業毎の財務数値さえ揃えば、事業毎の株価倍率を用いた事業価値の評価を行うことにより、事業ごとの特性を反映したより精緻な結果を得ることができます。

　たとえば、ある会社がスーパーマーケット事業と倉庫事業の2つの事業を主力事業として営んでいるとします（図表3-22）。それぞれの事業を主力としている企業は多くあるものの、これら2つの事業を主力としている企業がなかなか見つかりません。そのような場合、スーパーマーケット事業と倉庫事業それぞれの類似企業の株価倍率を用いて個々の事業価値を算定し合算すれば、会社としての事業価値を算定することができます。

●図表3-22 複数事業を有する企業の評価

スーパーマーケット事業	類似公開会社			評価対象事業
	P社	O社	R社	Y社 スーパーマーケット事業
(単位:百万円)				
事業価値	45,000	35,000	19,000	26,500〜27,300
今期予想財務数値	÷			
EBIT(営業利益)	5,000	4,000	2,000	3,000
EBITDA	10,000	7,000	3,000	5,000
株価倍率				平均値
EBIT倍率	9.0x	8.8x	9.5x	9.1x
EBITDA倍率	4.5x	5.0x	6.3x	5.3x

倉庫事業	類似公開会社			評価対象事業
	S社	T社	U社	Y社 倉庫事業
(単位:百万円)				
事業価値	11,000	5,000	4,500	5,600〜6,160
今期予想財務数値	÷			
EBIT(営業利益)	1,800	1,000	800	1,100
EBITDA	3,000	1,200	1,100	1,400
株価倍率				平均値
EBIT倍率	6.1x	5.0x	5.6x	5.6x
EBITDA倍率	3.7x	4.2x	4.1x	4.0x

5 株価倍率法による評価(4)
──時点や国によって異なる株価倍率

評価基準日や評価対象企業の属する国によって株価倍率は変動する

❖時点によって異なる株価倍率

　株価倍率法による評価を行う際は、類似企業の株価倍率を過去に遡って算定することも有用な分析となります。

　図表3-23は、東証33業種分類に基づく日本の化学業界に属する上場企業の、直近5年間の株価倍率（EBITDA倍率の平均値）の推移を示しています。2006年～2007年にかけては9倍前後で安定的に推移していた株価倍率が、リーマン・ショックが発生する2008年にかけ5倍弱まで下落しています。その後はいったん回復を見せ、直近では6倍前後の水準で落ち着い

●図表3-23　日本の化学品業界のEBITDA倍率の推移

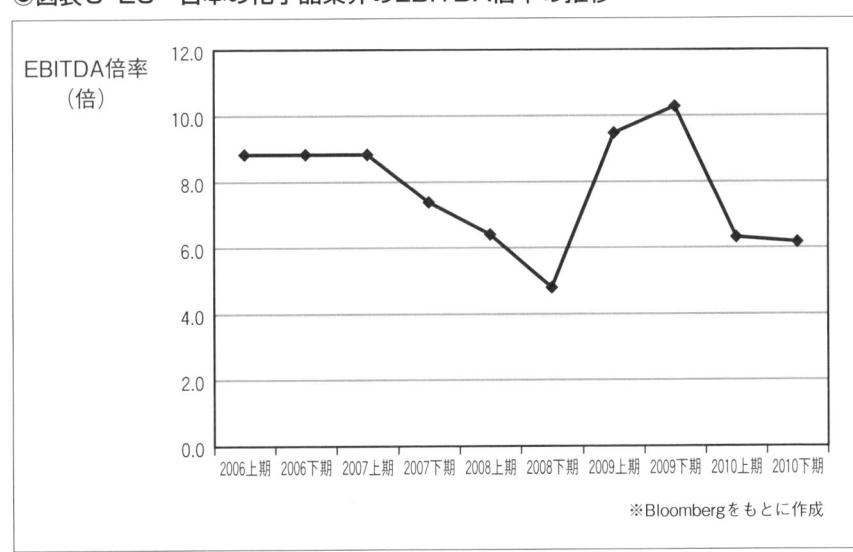

※Bloombergをもとに作成

ています。

　このように、株価倍率の水準はマクロ的な要因による影響を含め、大きく変化している可能性があります。評価基準日時点の株価倍率を絶対的な水準として捉えるのではなく、過去からの株価倍率の推移や、評価基準日時点における業界環境等を考慮しつつ、株価倍率の採用を検討することが望ましいと考えられます。

❖国によって異なる株価倍率

　図表3-24ならびに**図表3-25**は、日本、米国および英国のそれぞれの株式市場における、医薬品業界ならびに銀行業界に属する上場企業の株価倍率の推移を示しています。

　医薬品業界の株価倍率（EBITDA倍率の平均値）は、いずれの市場においても概ね同様の推移を示しており、直近においては約6倍程度の水準となっています。

　一方で、銀行業界の株価倍率（PBRの平均値）を見ると、2006年からリーマン・ショックの発生する2008年中盤にかけては概ね同様の水準での下落傾向を示していますが、2009年以降については、米国および英国ではPBR1倍超まで戻しているものの、日本では0.7倍程度と1倍割れの状態が続いています。

　これらの推移の背景にはさまざまな要因があると考えられますが、このように、同じ業界でも国によっては株価倍率が異なることもあるため、たとえばグローバルに事業を展開している企業の評価を行う際には、それぞれの国の株式市場で、どの程度の株価倍率が目安となるのか、個別に検討することが望ましい場合もあります。

●図表3-24　医薬品業界の国別EBITDA倍率の推移

EBITDA倍率（倍）

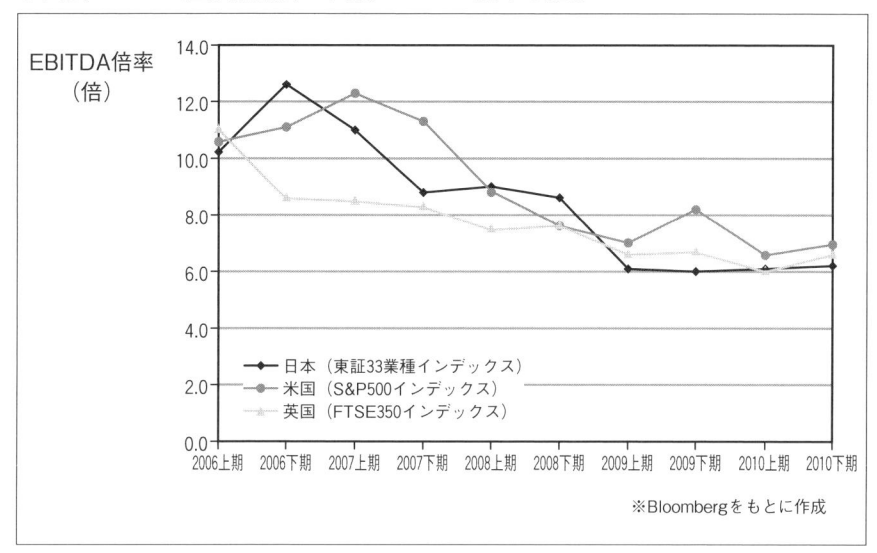

	2006上期	2006下期	2007上期	2007下期	2008上期	2008下期	2009上期	2009下期	2010上期	2010下期
日本（東証33業種インデックス）	10.3	12.6	11.1	8.8	9.0	8.6	6.1	6.0	6.2	6.2
米国（S&P500インデックス）	10.7	11.2	12.3	11.3	8.8	7.6	7.0	8.2	6.5	6.9
英国（FTSE350インデックス）	10.8	8.7	8.7	8.0	7.5	7.6	6.6	6.6	6.2	6.3

※Bloombergをもとに作成

●図表3-25　銀行業界の国別PBRの推移

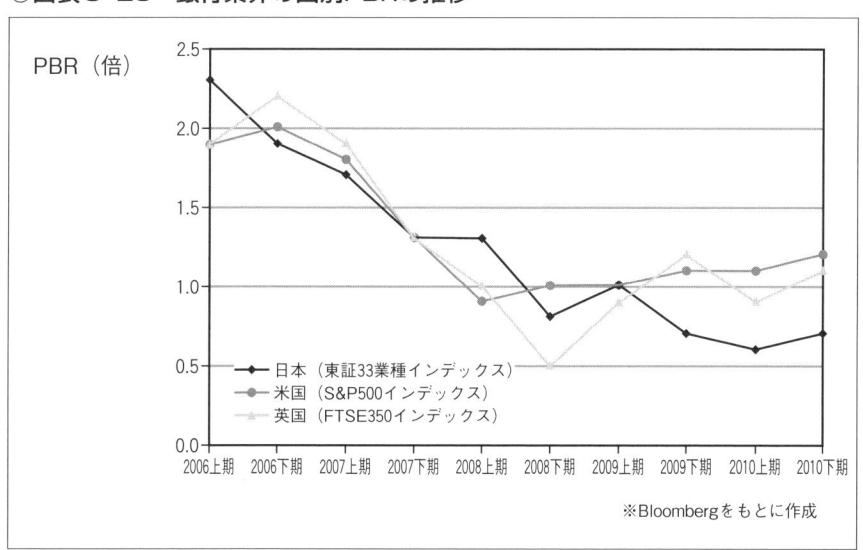

PBR（倍）

	2006上期	2006下期	2007上期	2007下期	2008上期	2008下期	2009上期	2009下期	2010上期	2010下期
日本（東証33業種インデックス）	2.3	1.9	1.7	1.3	1.3	0.8	1.0	0.7	0.6	0.7
米国（S&P500インデックス）	1.9	2.0	1.8	1.3	0.9	1.0	1.0	1.1	1.1	1.2
英国（FTSE350インデックス）	1.9	2.2	1.9	1.3	1.0	0.5	0.9	1.2	0.9	1.1

※Bloombergをもとに作成

6 類似取引比準法による評価

類似したM＆A事例の取引価額から倍率を算定する

❖類似取引比準法とはどういうものか

　類似取引比準法とは、株価倍率法と同様に、倍率を用いて評価対象企業の価値算定を行う評価手法です。

　株価倍率法が、類似する公開企業の市場株価を用いて株価倍率を算定するのに対して、類似取引比準法では、**類似するM&A取引事例**（売買事例）の取引価額を用いて取引倍率を算定します。

　取引倍率の算定方法は、株価倍率法における株価倍率と概ね同様ですが、取引対象となった企業や事業の財務数値は、多くの場合、入手困難か入手できたとしても限定的な範囲（たとえば売上高のみ）となることがあり、取引倍率をさまざまな財務数値について幅広く集計することは実際には困難です。

　そういった事情もあり、日本では状況に応じて採用の可否が判断されることが多い手法です。

　なお、取引倍率は、多くの場合、経営権獲得のためのプレミアムを含んだ取引価額に基づき算定される場合がありますので、評価対象企業の評価においては、類似取引事例における支配権の移動状況を確認のうえ、調整の必要性について検討する必要があります。

※プレミアム：M&Aでは経営権獲得のために支払う対価をプレミアムと呼ぶことがある。たとえば、株式公開買付（TOB）時における公開買付価格（TOB価格）と市場株価の差額はTOBプレミアムと呼ばれる。

●図表3-26　類似取引比準法の算定プロセスの流れ

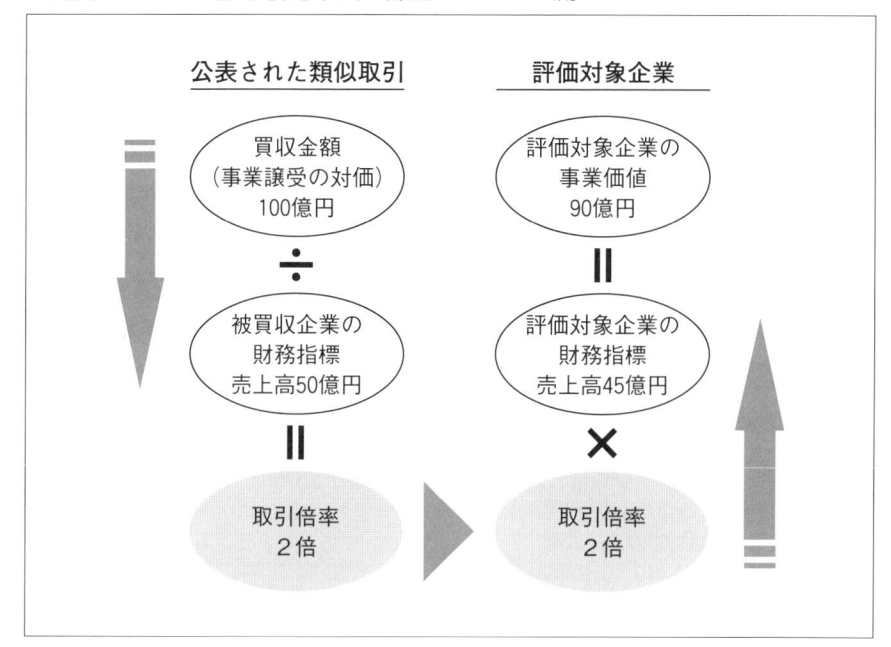

```
     公表された類似取引              評価対象企業

      買収金額                    評価対象企業の
   （事業譲受の対価）                  事業価値
      100億円                     90億円
        ÷                          ＝
    被買収企業の                  評価対象企業の
     財務指標                      財務指標
    売上高50億円                   売上高45億円
        ＝                          ×
      取引倍率                      取引倍率
       2倍                          2倍
```

❖類似取引比準法による評価事例

　では、類似取引比準法を用いて、実際に先ほども例として挙げたX社の株式価値を算定してみましょう（**図表3-27**）。

　直近1年間で、X社と同業種の他の自動車部品メーカーが買収された事例は3件ありました。入手可能な情報は、買収金額と、買収当時の直近実績値である売上高と営業利益のみでした。よって、買収金額とそれぞれの損益指標を用いて、類似取引倍率を算定することにしました。算定された倍率をX社の財務指標の実績値（2010年度）に掛け合わせることによって価値を算定します。

　ここで注意したいのは、類似取引倍率が実績ベースの財務数値により算定されてことと平仄を合わせるため、X社の財務数値も実績ベースを用いていることです。

なお、前述のとおり、類似取引比準法の評価では、取引倍率の数値に、経営権の移動に伴う一定のプレミアムが含まれている可能性があることに留意が必要です。

●図表3-27　類似取引比準法に基づく事例（X社）

	類似取引事例		
買収企業	F社	G社	H社
被買収企業	I社	J社	K社
買収金額：百万円（事業譲受の対価）	5,000	8,000	10,000

＊類似取引事例において、有利子負債は譲り受けしていない。

被買収企業の買収時の財務数値（実績数値）　　　　　　百万円

売上高	7,500	10,000	22,000
営業利益	400	550	900

取引倍率　　　　　　　　　　　　　　　　　　　　　　　　　　　　　　平均値

買収金額/売上高	0.7x	0.8x	0.5x	0.7x
買収金額/営業利益	12.5x	14.5x	11.1x	12.7x

X社の事業価値の算定　　　　　　　　　　　　　　　　百万円

項目	財務指標 (A)	倍率 (B)	事業価値 (A)×(B)
売上高倍率	30,000	0.7x	21,000
営業利益倍率	1,300	12.7x	16,510

7 マーケット・アプローチでの支配権プレミアム・非流動性割引

株式を評価する際には、特別な価値や割引要素が考慮されることも

❖株式と議決権という権利

　おそらく、読者の中にも投資のために上場企業の株式を保有している方が多くいらっしゃると思います。そして、株式を保有する目的は、キャピタルゲインや配当の受領など株式の経済的権利の享受という方がほとんどだと思います。

　しかしながら、株式を保有することで株主にはもう１つの大きな権利が与えられます。それは会社の議決権です。この議決権は、数が多くなればなるほど会社の経営に対してより強い影響力をもつことができるようになります。１株ごとではとくに意味をもたない議決権であっても、これをまとめて保有することによって、たとえば会社の全議決権の過半を支配することができれば、会社を経営するうえで非常に大きな意味をもちます。

●図表３-28　株式の権利

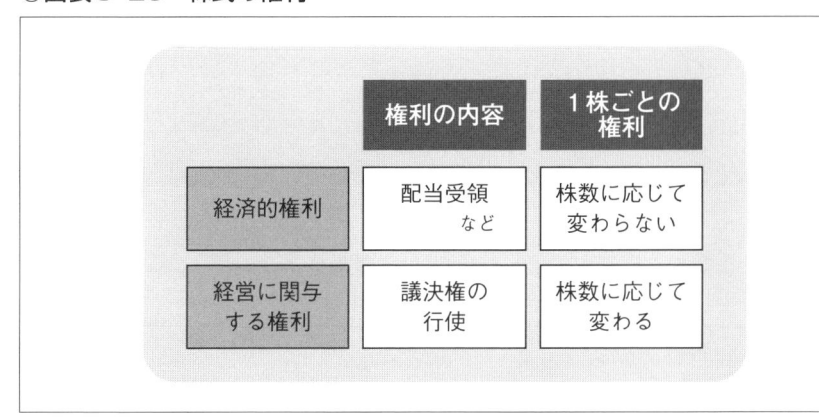

	権利の内容	１株ごとの権利
経済的権利	配当受領　など	株数に応じて変わらない
経営に関与する権利	議決権の行使	株数に応じて変わる

●図表3-29　議決権比率と経営に対する影響力

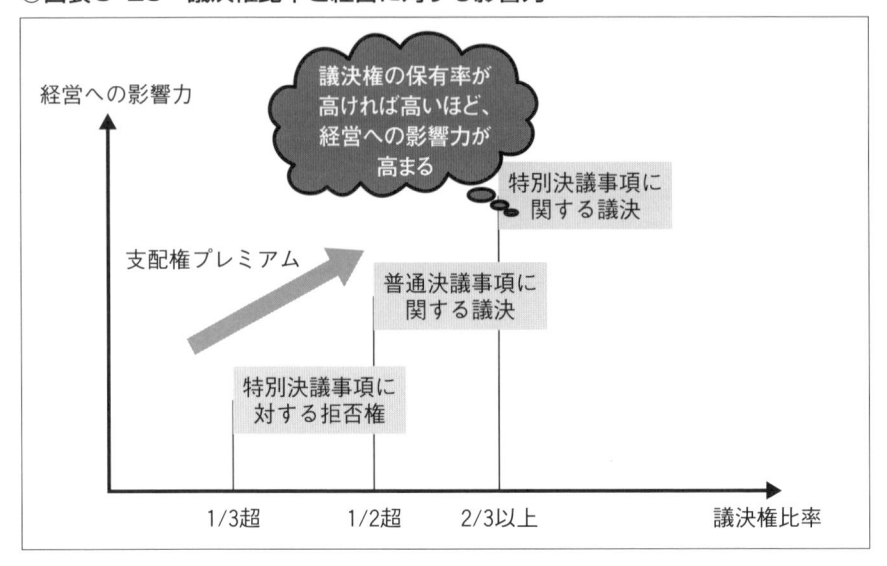

経営への影響力 ↑

議決権の保有率が高ければ高いほど、経営への影響力が高まる

支配権プレミアム

- 特別決議事項に関する議決
- 普通決議事項に関する議決
- 特別決議事項に対する拒否権

1/3超　1/2超　2/3以上　　議決権比率 →

❖支配権プレミアムとは何か

　証券取引所における市場株価は、基本的には多数の小口取引に基づき形成されるものであり、経営権の移動に関する対価は含まれていない株価と考えられています。

　よって、株式市価法で評価された株主資本価値も、株価倍率法で類似上場企業の株価倍率を用いて評価された株主資本価値も、特別な調整を加えないかぎり、経営権の価値（いわゆる**支配権プレミアム**）を含まない株主資本価値ということができます。

　そこで、経営権の移動を伴うようなM&A取引においては、評価の際に支配権プレミアムを別途考慮したうえで株主資本価値を算定する必要があります。換言すれば、たとえば1株だけ取得しようとするときの1株当たりの価値と、全発行済株式（議決権比率100％）を取得しようとするときの1株当たりの価値は異なるということです。

　具体的な統計に基づくものではありませんが、一般的には、M&Aにお

ける買主が支払う支配権プレミアムは、株主総会における議決権の過半数を取得する前後で最も急速に上昇すると考えられています。

たとえば、ある企業の経営権の獲得を狙う投資家にとって、発行済株式数の13％から18％への買い増しに必要な５％の株式の価値よりも、48％から53％への買い増しに必要な５％の株式の価値のほうが高いと考えることは自然です。議決権比率の53％を単独で保有することによって、経営に対する支配権を確立することができるからです。

●図表３-30　議決権比率と支配権プレミアム

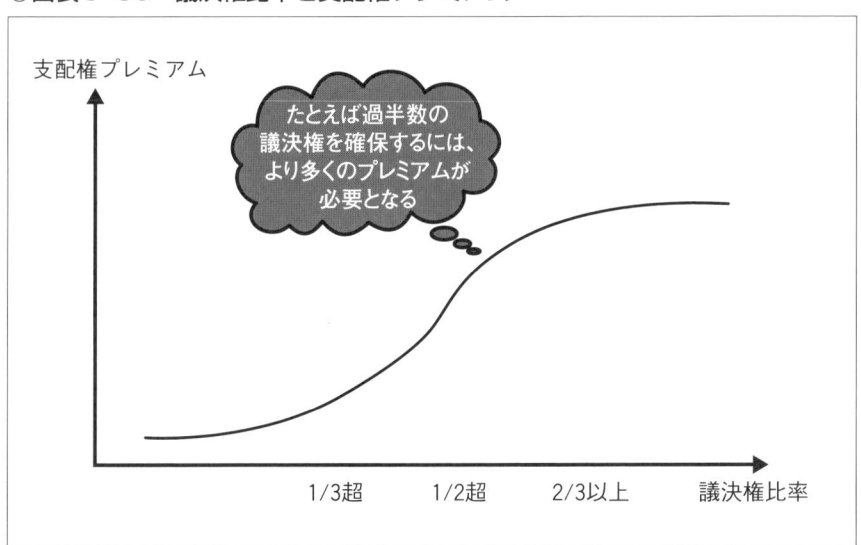

（図：横軸＝議決権比率（1/3超、1/2超、2/3以上）、縦軸＝支配権プレミアム。吹き出し「たとえば過半数の議決権を確保するには、より多くのプレミアムが必要となる」）

❖支配権プレミアムの水準に関する検討

　経営に関与する権利の獲得のために支払われるプレミアム（ここでは支配権プレミアムと呼びます）の水準に関するデータの多くは、公開企業を対象とする株式公開買付（TOB）案件における案件公表前の被買収企業の株価と、買収企業によって実際に支払われた１株当たり買収対価とを比較することによって算定されており、市場データに基づく客観的情報とし

て位置づけることができます。

TOBとは、Take Over Bidの略で、日本の法制では「株式公開買付」を指します。これは、多数の株式を一度に買い付けることを望む者（公開買付者）が、株主に買付けへの応募を募る行為で、取引によってはその実施が強制される場合があります。この際、公開買付者は、より多くの株式を取得しようとすれば、市場株価より高い買付価格を提示するのが一般的です。

そして、この買付価格と市場株価との差額が「TOBプレミアム」と呼ばれるもので、経営に関与する権利を獲得するための支配権プレミアムの水準を検討するうえで参考とされているものです。

❖TOBプレミアムの水準

M&A取引を通して企業の経営支配権を獲得する際、または、経営に対

●図表3-31　TOBプレミアムの水準

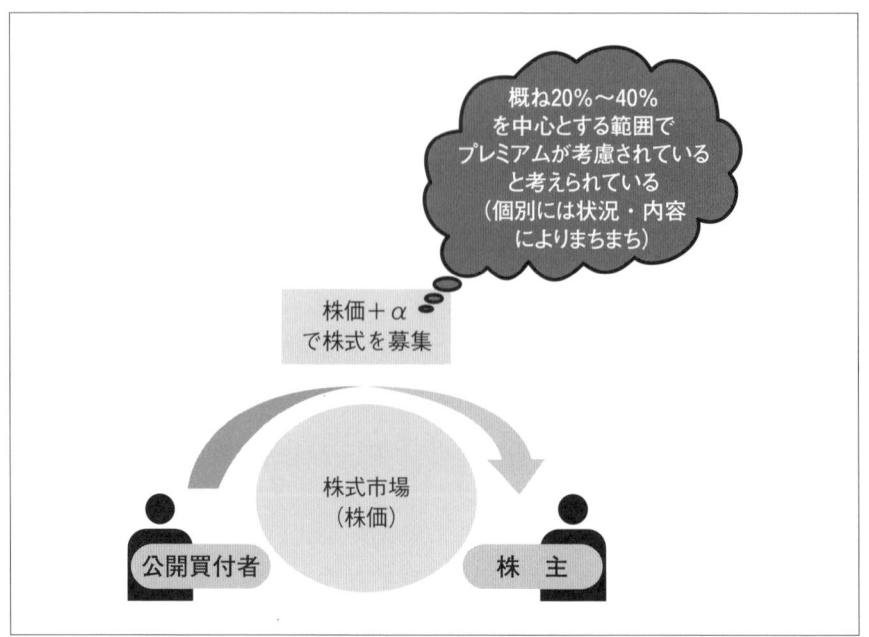

```
概ね20%〜40%
を中心とする範囲で
プレミアムが考慮されている
と考えられている
（個別には状況・内容
によりまちまち）
```

株価＋α
で株式を募集

公開買付者　→　株式市場（株価）　→　株主

して一定の影響力を確立する際に支払われるプレミアムの水準は、さまざまな要因の影響を受けますし、個々の案件の経済合理性、交渉などによっても異なります。

ただ、一般的には、議決権の過半数の獲得を伴うM&A取引において、概ね20％～40％を中心とした一定の範囲でプレミアムが考慮されているものと考えられています（図3-31）。

❖非流動性割引とその水準とは

上場企業の株価倍率に基づき非上場の評価対象企業を評価する場合、評価対象企業の株式の流動性欠如（また不足）について一定の割引（ディスカウント）を考慮する必要があります。この流動性の欠如に対する割引を一般的に**非流動性割引（非流動性ディスカウント）**といいます。

あなたが、非上場株式の購入を誰かからもちかけられたとします。非上場企業の株式は、たとえ売却しようと思っても株式取引市場ですぐに売却

●図表3-32　上場株式と非上場株式の売買にかかる時間、手間と経費など

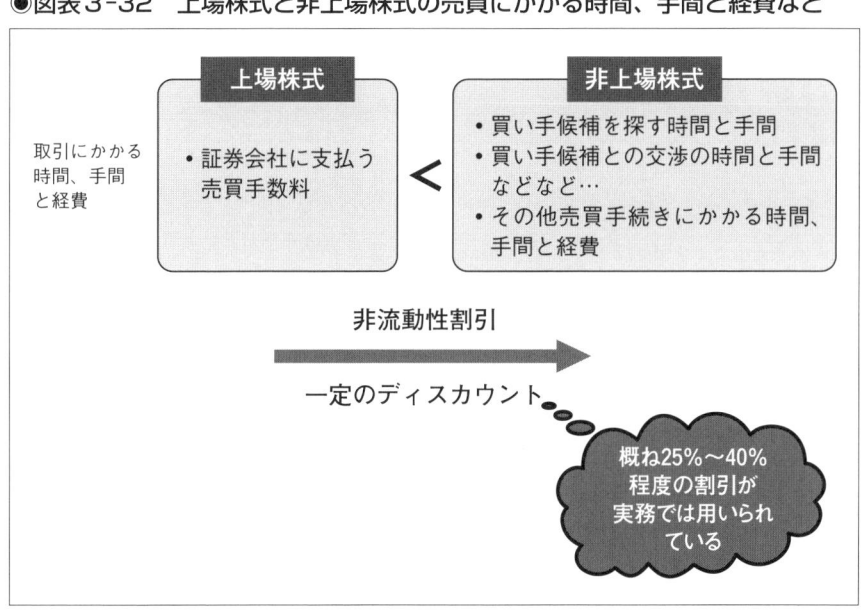

取引にかかる時間、手間と経費	上場株式		非上場株式
	・証券会社に支払う売買手数料	＜	・買い手候補を探す時間と手間 ・買い手候補との交渉の時間と手間などなど… ・その他売買手続きにかかる時間、手間と経費

非流動性割引 →
一定のディスカウント

概ね25％～40％程度の割引が実務では用いられている

することができません。また、購入希望者も自ら見つけてこなければなりません。上場会社の株式であれば、基本的には現在の株価で売るか売らないかを決めるだけですから、コストと手間を比較するとその差は小さいとはいえません（**図表3-32**）。

　米国のM&A市場においては、M&A取引に関する情報を統計として集計している機関がいくつか存在しますが、それらのデータによれば、米国市場において用いられている非流動性割引は概ね25％～40％程度の水準となっています。

第4章

インカム・アプローチによる評価と実際

1 DCF法による評価(1) ——DCF法とは

企業が生み出すキャッシュを評価する手法

❖DCF法とはどういうものか

　DCF法（Discounted Cash Flow Method）は、事業を行うことによって生み出される外部資本提供者（株主、銀行等の債権者）に対して分配可能な将来フリー・キャッシュ・フローを、株主資本と負債の**加重平均資本コスト**（WACC: Weighted Average Cost of Capital）で現在価値に割り引くことにより、評価対象企業の事業価値を算定する評価手法です。

　事業価値に、事業に直接的に供されていない非事業用資産の価値を加算することで、企業価値を算定し、有利子負債等を減算することにより株主資本価値を算定します。

※加重平均資本コスト：債権者と株主が評価対象企業に求める期待投資利回りの加重平均値。

❖将来価値と現在価値の考え方・導き方

　企業の価値をDCF法に基づき評価するためには、まずお金の**時間的価値**（将来価値と現在価値）を理解する必要があります。

　将来価値とは、今あるお金の将来のある時点における価値をいいます。たとえば、今100万円をもっていて、これを銀行の定期預金に金利2％で預けた場合、1年後の将来価値は次のように102万円になります。

現在の100万円×（1＋年利2％）＝1年後の将来価値102万円

● 図表4-1　DCF法の概念図

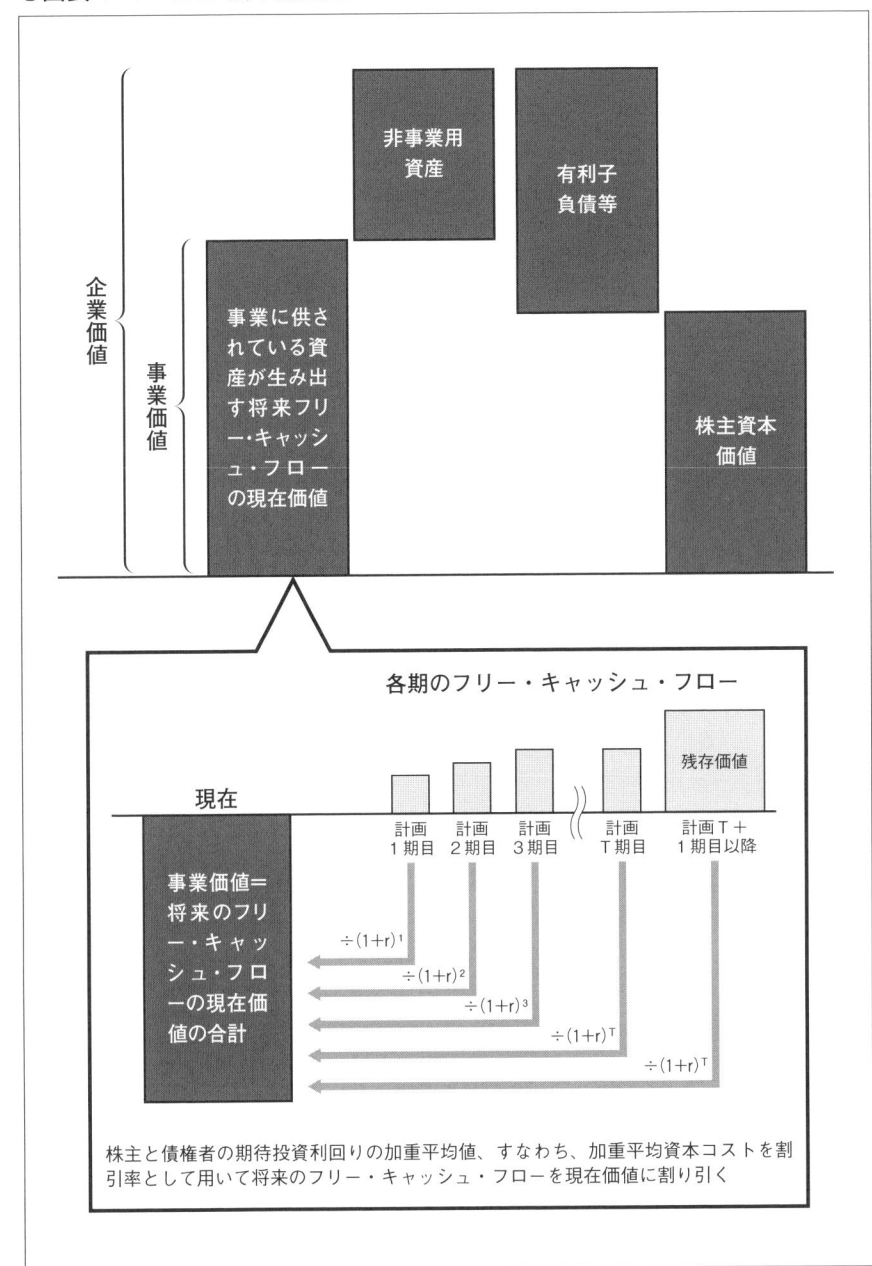

```
企業価値
├─ 事業価値
│   └─ 事業に供されている資産が生み出す将来フリー・キャッシュ・フローの現在価値
├─ 非事業用資産
└─ 有利子負債等

株主資本価値
```

各期のフリー・キャッシュ・フロー

現在 ── 計画1期目 ── 計画2期目 ── 計画3期目 ── 計画T期目 ── 計画T+1期目以降（残存価値）

事業価値＝将来のフリー・キャッシュ・フローの現在価値の合計

$\div(1+r)^1$
$\div(1+r)^2$
$\div(1+r)^3$
$\div(1+r)^T$
$\div(1+r)^T$

株主と債権者の期待投資利回りの加重平均値、すなわち、加重平均資本コストを割引率として用いて将来のフリー・キャッシュ・フローを現在価値に割り引く

第4章　インカム・アプローチによる評価と実際

これを2年後、3年後と預け続けて、t年後まで金利2％で銀行に預け続けた場合の将来価値は、以下のようになります。

- 1年後の100万円の将来価値　　100万円×102％＝102万円
- 2年後の100万円の将来価値　　100万円×102％×102％＝104万円
- 3年後の100万円の将来価値　　100万円×102％×102％×102％
　　　　　　　　　　　　　　　　　＝100万円×(102％)³＝106万円

　　　　⋮

- t年後の100万円の将来価値　　100万円×(102％)ᵗ

上記は今現在の100万円と金利が2％の例でしたが、これを一般化すると以下のようになり、これが**お金の将来価値の算式**になります。

〔お金の将来価値の算式〕

---

t年後のお金の価値：$FV = P_0 \times (1 + r)^t$

　　FV：将来価値　P_0：現在のお金　r：年利　t：期間

●図表4-2　将来価値の例

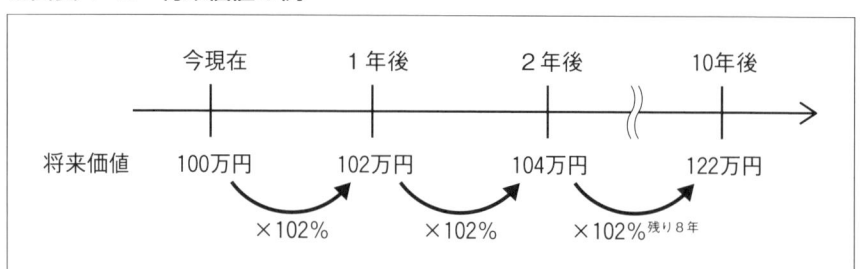

	今現在	1年後	2年後	10年後
将来価値	100万円	102万円	104万円	122万円
		×102％	×102％	×102％ 残り8年

現在の100万円を金利2％で銀行に10年間預金した場合、10年後の将来価値は122万円になる。

一方、**現在価値**とは、将来価値の逆で、将来のある時点のお金の現在における価値をいいます。

金利2％の先ほどの例ですと、現在の100万円は1年後102万円でしたので、言い換えれば、1年後に102万円を受け取ることができる定期預金の現在価値は100万円ということができます。

●図表4-3　将来価値と現在価値

```
将来価値：100万円×102％＝102万円（1年後）
               ⇅
現在価値：102万円÷102％＝100万円（現在）
```

1年後、2年後、3年後、t年後の100万円を現在価値に割り戻した場合、以下のようになります。

- 1年後の100万円の現在価値　　100万円÷102％＝98万円
- 2年後の100万円の現在価値　　100万円÷102％÷102％＝96万円
- 3年後の100万円の現在価値　　100万円÷102％÷102％÷102％
　　　　　　　　　　　　　　　　＝100万円÷$(102\%)^3$＝94万円

　　︙

- t年後の100万円の現在価値　　100万円÷$(102\%)^t$

上記は将来のある時点の100万円と金利が2％の例でしたが、これを一般化すると以下のようになり、これが**現在価値の算式**になります。また、

将来のお金を現在価値にする際のrを割引率といい、「$1/(1+r)^t$」の部分を**割引現価係数**といいます。

〔現在価値の算式〕

$$t \text{年後のお金の現在価値} PV = P_t \div (1+r)^t$$
$$= P_t \times 1/(1+r)^t$$

P_t：t年後のお金　　r：割引率　　t：期間
$1/(1+r)^t$：割引現価係数

●図表4-4　現在価値の例

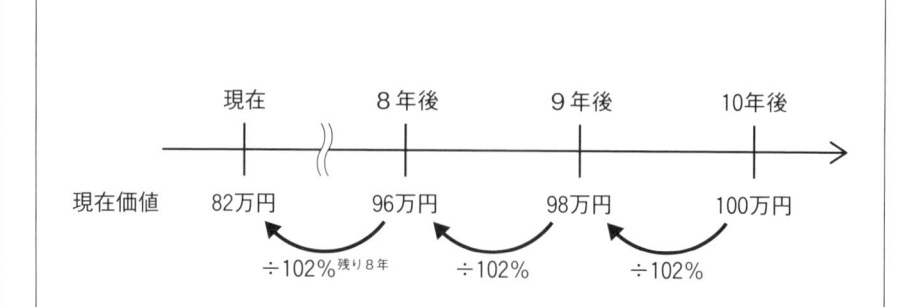

```
          現在      8年後      9年後     10年後
現在価値  82万円    96万円    98万円   100万円
           ←──────  ←──────  ←──────
          ÷102%残り8年 ÷102%   ÷102%
```

10年後の100万円を割引率2％で割り引いた場合、現在価値は82万円になる。

● 図表4-5　現在価値の事例

1年後に70万円、2年後に90万円、3年後に130万円、4年後に160万円と4年間合計で450万円もらえる場合（ケース1）と、1年後に300万円、2年後に130万円と2年間合計で430万円もらえる場合（ケース2）とでは、現在価値はどちらが大きいか比較してみる。割引率は5％とする。

（単位：万円）

【ケース1】

	1年後	2年後	3年後	4年後	合計
	70	90	130	160	450
割引率　5％					
割引現価係数	÷(1+5％)^1	÷(1+5％)^2	÷(1+5％)^3	÷(1+5％)^4	
	0.9524	0.9070	0.8638	0.8227	
現在価値	67	82	112	132	393

【ケース2】

	1年後	2年後	3年後	4年後	合計
	300	130			430
割引率　5％					
割引現価係数	÷(1+5％)^1	÷(1+5％)^2			
	0.9524	0.9070			
現在価値	286	118			404

> もらえる金額の合計はケース1のほうが大きいが、現金を受け取る時点が異なるため、現在価値はケース2のほうが大きくなる。

❖ DCF法に基づく算定プロセス

　DCF法による株主資本価値の算定プロセスを示すと、以下のとおりです（図表4-6）。詳しい算定の事例については、次節を参照してください。

▶(1)フリー・キャッシュ・フロー（FCF）の算定

　まず、評価対象企業の事業計画を分析して、事業計画の計画期間における債権者と株主に分配可能なFCFを算定します。

▶(2)残存価値の算定

　次に、事業計画の期間以降のFCFを推定し、事業計画期間終了時点の事業の価値、すなわち、残存価値を算定します。

▶(3)割引率の算定

　FCFを現在価値に割り引く際に用いる割引率を算定します。先ほどの銀行預金の例では、金利が割引率でしたが、事業価値を算定する場合には、債権者と株主の要求する期待投資利回りが割引率となりますので、その算定を行います。

▶(4)FCFと残存価値の現在価値の算定

　(1)で算定したFCFと(2)で算定した残存価値を、(3)の割引率を使って現在価値に割り戻します。この現在価値の総和が、事業から生み出される将来FCFの現在価値、すなわち、事業価値となります。

▶(5)非事業用資産価値の加算、有利子負債等の減算

　(4)で算定した事業価値に、事業に直接供されていない遊休資産や余剰現預金等の非事業用資産の価値を加算し、有利子負債等を減算します。

▶(6) 評価対象企業の株主資本価値の算定

上記(1)〜(5)の手続きを実施して評価対象企業の株主資本価値を算定します。

●図表4-6　DCF法に基づく算定プロセス

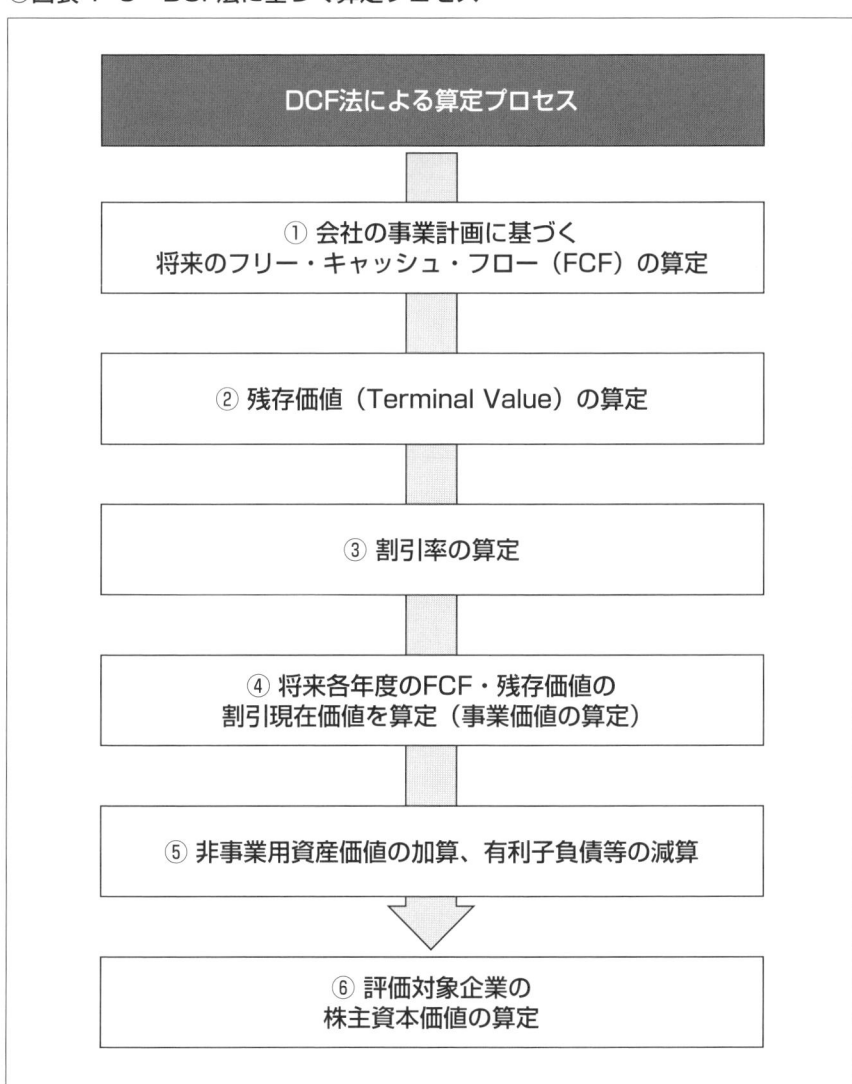

```
                DCF法による算定プロセス
                         ↓
        ① 会社の事業計画に基づく
          将来のフリー・キャッシュ・フロー（FCF）の算定
                         ↓
        ② 残存価値（Terminal Value）の算定
                         ↓
        ③ 割引率の算定
                         ↓
        ④ 将来各年度のFCF・残存価値の
          割引現在価値を算定（事業価値の算定）
                         ↓
        ⑤ 非事業用資産価値の加算、有利子負債等の減算
                         ⇓
        ⑥ 評価対象企業の
          株主資本価値の算定
```

2 DCF法による評価(2)
——価値算定プロセスと事例

自動車部品メーカーX社の価値を算定してみると

ここでは前のマーケット・アプローチの章で取り上げた自動車部品メーカーX社を再び例にとり、DCF法に基づく価値算定の具体的なステップをみていきます。

[X社の概要]

図表4-7には、X社の直近期の財務数値と将来の事業計画が記載されています。

X社の事業計画によれば、売上高は今後継続して増加し、売上総利益率は2013年度に向けて3％程度改善すると見込んでいます。これに伴い営業利益率も4.3％から6.4％に上昇すると見込んでいます。

また、減価償却費をわずかに上回る形で、毎期の設備投資が予定されていることがわかります。

❖ FCF（フリー・キャッシュ・フロー）の算定

FCF（フリー・キャッシュ・フロー）とは、債権者（借入金の融資者）と株主に分配可能なキャッシュ・フローであり、具体的には以下のような式で表すことができます。

〔FCFの算定式〕

$$FCF = EBIT \times (1 - 法人税率) + 減価償却費 - (設備)投資等 \pm 運転資本等の増減$$

●図表4-7　X社の貸借対照表および事業計画

貸借対照表

（単位：百万円）

資産の部	2011年3月末（前期実績）	負債・純資産の部	2011年3月末（前期実績）
流動資産		**流動負債**	
現預金	2,500	支払手形・買掛金	4,000
有価証券	1,000	短期借入金	500
受取手形・売掛金	5,500	合計	4,500
たな卸資産	2,000		
合計	11,000	**固定負債**	
固定資産		長期借入金	4,500
建物	3,000	合計	4,500
機械装置	4,000	負債合計	9,000
土地	2,000		
投資有価証券	4,000	**純資産**	
合計	13,000	株主資本	15,000
資産合計	24,000	負債・純資産合計	24,000

	2011年3月末
発行済株式数（株）	12,500,000
株価（円）	1,200
株式時価総額（百万円）	15,000

事業計画

（単位：百万円、%）	2010年度（実績）	2011年度（計画）	2012年度（計画）	2013年度（計画）
売上高	30,000	30,860	31,794	32,803
売上原価	(26,500)	(27,060)	(27,594)	(28,003)
売上総利益	3,500	3,800	4,200	4,800
売上総利益率	*11.7%*	*12.3%*	*13.2%*	*14.6%*
販売管理費	(2,200)	(2,400)	(2,500)	(2,700)
営業利益	1,300	1,400	1,700	2,100
営業利益率	*4.3%*	*4.5%*	*5.3%*	*6.4%*
営業外収益・費用				
受取利息	20	20	20	20
受取配当金	70	70	70	70
支払利息	(90)	(90)	(90)	(90)
経常利益	1,300	1,400	1,700	2,100
特別損益	0	0	0	0
税引前利益	1,300	1,400	1,700	2,100
上記損益計算書に含まれる減価償却費	(1,500)	(2,000)	(2,300)	(2,500)
設備投資	2,000	2,200	2,500	2,500
実効税率	40%	40%	40%	40%

運転資本

（単位：百万円、日）	2010年度（実績）	2011年度（計画）	2012年度（計画）	2013年度（計画）
現預金	500			
受取手形・売掛金	5,500			
たな卸資産	2,000			
支払手形・買掛金	(4,000)			
運転資本	4,000	4,050	4,130	4,250
運転資本の増減		50	80	120
運転資本回転日数	48.7	47.9	47.4	47.3

●図表4-8　FCFの概念図

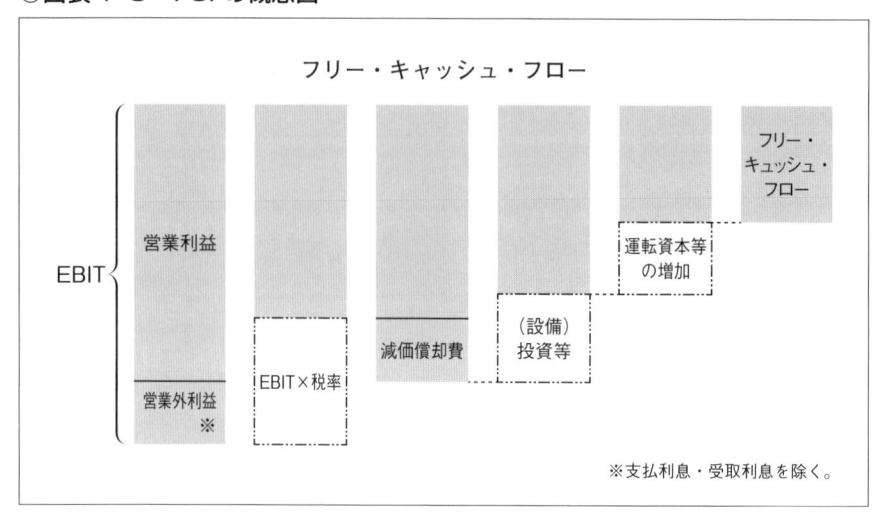

```
                     フリー・キャッシュ・フロー

         ┌営業利益                                          フリー・
         │                              運転資本等        キュッシュ・
   EBIT ┤                                の増加            フロー
         │            EBIT×税率  減価償却費  （設備）
         └営業外利益                         投資等
            ※
                                                    ※支払利息・受取利息を除く。
```

▶EBIT

　EBITとは、Earnings Before Interest and Taxesの略称で**金利税金差引前利益**です。具体的には、会計上の営業利益に、事業のために保有している資産を源泉として生み出される営業外損益等を加減算した値として算定されます。FCFは債権者と株主に分配可能なキャッシュ・フローですので、債権者への金利の支払い（支払利息）を差し引く前の営業利益を用いています。このEBITは、評価対象企業が事業を行ううえでの収益力を表しています。

▶EBIAT

　EBITに（1－税率）を掛けることで、EBIATを計算します。EBIATはEarnings Before Interest After Taxesの略称で**金利差引前税引後利益**です。

▶FCF

　EBIATは、現金収支を伴わない会計上の収益と費用を含んでいる場合

がほとんどです。また、EBIATに含まれていない投資等の現金支出も評価を行ううえでは考慮する必要があります。そこで、FCFを算定する際にはEBIATに以下の調整を加えます。

①減価償却費の加算

建物やソフトウェア等の減価償却費は費用ですが、現金支出を伴っていませんので、FCFを算定するうえでは、この分をEBIATに足し戻します。

②（設備）投資等の減算

建物やソフトウェア等は、その購入に伴い現金支出が発生します。この現金支出はEBIATの算定に含まれていませんので、減算します。

③運転資本等の増減

計画期間中の各期において、今期と前期の運転資本残高の差額（増加［減少］運転資本額）を計算し、運転資本が増加する場合はこれをEBIATから減算し、運転資本が減少する場合は逆に加算します。

たとえば、**図表4-9**のように運転資本が売掛金と買掛金しかない企業を考えてみると、ケース1のように売掛金の増加に伴い運転資本が増加したケースでは、売上高のうち50万円についてはまだ現金を受け取っていませ

●図表4-9　運転資本の増減

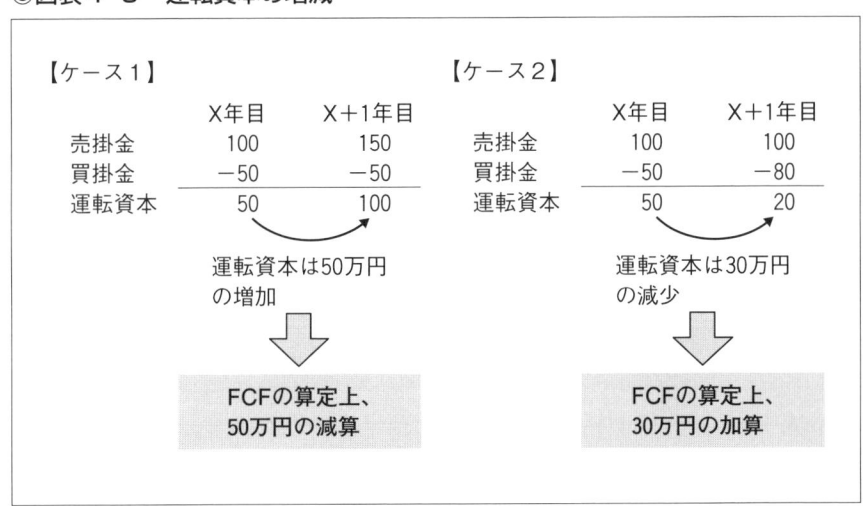

【ケース1】	X年目	X+1年目	【ケース2】	X年目	X+1年目
売掛金	100	150	売掛金	100	100
買掛金	−50	−50	買掛金	−50	−80
運転資本	50	100	運転資本	50	20

運転資本は50万円の増加 → FCFの算定上、50万円の減算

運転資本は30万円の減少 → FCFの算定上、30万円の加算

ん。そのため、当該売掛金の増加に伴う運転資本50万円の増加は、FCFの算定上、50万円の減算となります。

逆に、買掛金の増加に伴い運転資本が減少しているケース2では、費用のうち30万円については、現金の支払いをまだ行っていません。そのため、当該買掛金の増加に伴う運転資本30万円の減少は、FCFの算定上、30万円の加算となります。

要約すれば、FCFは、EBIATに対して以下を考慮することによって算定することができます。

ⓐ EBIATの算定に含まれている現金収入・支出を伴わない収益・費用の調整

ⓑ EBIATの算定では考慮されていない現金収入・支出の調整

上記ⓐの例としては、減価償却費や売上高に占める売掛金（運転資本）の増減等が挙げられます。ⓑの例としては、設備投資等が挙げられます（**図表4-10**）。

それでは、X社の事業計画を用いたFCFを算定してみましょう。

▶ EBITの算定

X社の事業計画を見ると、営業外損益に受取利息、受取配当金、支払利息があります（図表4-7参照）。

X社の説明によると、受取利息は全額非事業用資産である現預金と有価証券に係るものです。よって、EBITの算定には含めません。一方で、受取配当金は、取引先の自動車メーカーの株式に係るものであり、事業運営上、当該株式の継続的な保有は必須とのことです。そのため、EBITの算定においてその受取配当金を加算します。

以上から、営業利益に受取配当金を加算した値がEBITということになります。

●図表4-10　FCFの調整項目

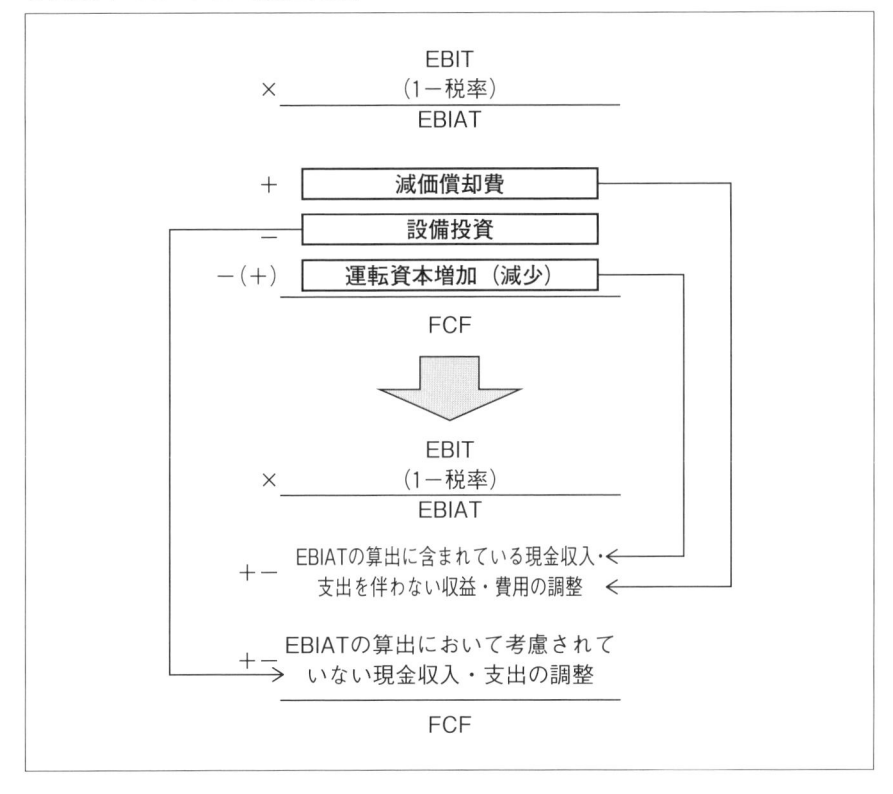

```
           EBIT
       × (1－税率)
        ─────────
          EBIAT

     ＋  ┌ 減価償却費 ┐
     －  ┌ 設備投資  ┐
    －(＋) ┌ 運転資本増加（減少）┐
           FCF

            ⬇

           EBIT
       × (1－税率)
        ─────────
          EBIAT

    ＋－  EBIATの算出に含まれている現金収入・
          支出を伴わない収益・費用の調整

    ＋－  EBIATの算出において考慮されて
          いない現金収入・支出の調整
           FCF
```

▶EBIATの算定

EBITを算定したら、実効税率（ここでは40％と仮定します）を乗じて法人税等を計算し、EBIATを算定します。

▶FCFの算定

EBIATに対して以下の調整を加え、FCFを算定します。

①減価償却費の加算・設備投資の減算

減価償却費を加算し、設備投資を減算します。

②運転資本の調整

運転資本の調整を行います。事業計画では、運転資本の残高が毎期増加

第4章　インカム・アプローチによる評価と実際

していますので、FCFの算定上は、運転資本の増加分を減算します。

以上のプロセスを実施した結果、X社のFCFは、2011年度：632百万円、2012年度：782百万円、2013年度：1,182百万円と算定されました。ここまでのプロセスを示したのが、**図表4-11**です。

❖残存価値の算定

残存価値（Terminal Value：TV）とは、計画期間終了時点における評価対象企業の事業価値です。残存価値の算定方法には、評価対象企業の事業の特性、保有目的等によって、いくつかの算定方法がありますが、評価対象企業が事業を永続することを想定している場合には、一般な算定方法として**PA（Perpetuity Assumption）法**が用いられています。

事業計画最終年度のFCFの水準が一定の成長率のもと永続すると仮定した場合のPA法の公式は、無限等比数列の和の公式を用いて**図表4-12**のように表すことができます。

```
残存価値 ＝ 継続可能FCF×(1＋継続成長率)
          ÷(割引率－継続成長率)
```

PA法において重要な継続成長率の推定は、未来永劫の予想を伴うことなので、評価者にとっても、評価対象企業の経営陣にとっても、やさしいものではありません。予想する継続成長率の水準を論理的根拠をもって説明することは難しいことですが、長期的に見れば評価対象企業が属する業界の成長率、超長期的に見ればマクロ経済の成長率に収斂すると考えることもできますので、実務上はそうした範囲内で推定することが行われています。

● 図表4-11　X社のFCFの算定

事業計画

(単位：百万円、%)	2010年度 (実績)	2011年度 (計画)	2012年度 (計画)	2013年度 (計画)
売上高	30,000	30,860	31,794	32,803
売上原価	(26,500)	(27,060)	(27,594)	(28,003)
粗利益	3,500	3,800	4,200	4,800
粗利益率	*11.7%*	*12.3%*	*13.2%*	*14.6%*
販売管理費	(2,200)	(2,400)	(2,500)	(2,700)
営業利益	1,300	1,400	1,700	2,100
営業利益率	*4.3%*	*4.5%*	*5.3%*	*6.4%*
営業外収益・費用				
受取利息	20	20	20	20
受取配当金	70	70	70	70
支払利息	(90)	(90)	(90)	(90)
経常利益	1,300	1,400	1,700	2,100
特別損益	0	0	0	0
税引前利益	1,300	1,400	1,700	2,100
上記損益計算書に含まれる減価償却費	(1,500)	(2,000)	(2,300)	(2,500)
設備投資	2,000	2,200	2,500	2,500
実効税率	40%	40%	40%	40%

運転資本

(単位：百万円、日)	2010年度 (実績)	2011年度 (計画)	2012年度 (計画)	2013年度 (計画)
現預金	500			
受取手形・売掛金	5,500			
たな卸資産	2,000			
支払手形・買掛金	(4,000)			
運転資本	4,000	4,050	4,130	4,250
運転資本の増減		50	80	120
運転資本回転日数	*48.7*	*47.9*	*47.4*	*47.3*

・FCFの算定

(単位：百万円、%)	2011年度 (計画)	2012年度 (計画)	2013年度 (計画)
営業利益	1,400	1,700	2,100
受取配当金	70	70	70
EBIT	1,470	1,770	2,170
法人税等	(588)	(708)	(868)
EBIAT	882	1,062	1,302
減価償却費	2,000	2,300	2,500
設備投資	(2,200)	(2,500)	(2,500)
運転資本の（増）減	(50)	(80)	(120)
FCF	632	782	1,182

● 図表4-12　無限等比数列の和の公式を用いた残存価値の算定式

▶ 継続可能FCF（FCFtとする）が継続成長率g％で永続成長するとした場合、割引率r％を用いた残存価値（Terminal Value：TV）の算定式は以下のように導き出される

$$TV = \frac{FCF_t}{1+r} + \frac{FCF_t(1+g)}{(1+r)^2} + \frac{FCF_t(1+g)^2}{(1+r)^3} + \cdots\cdots \quad (1)$$

式(1)の両辺に $(1+r)/(1+g)$ を乗じて、

$$\frac{1+r}{1+g}TV = \frac{FCF_t}{1+g} + \frac{FCF_t}{1+r} + \frac{FCF_t(1+g)}{(1+r)^2} + \cdots\cdots \quad (2)$$

式(2)－式(1)より、

$$\frac{1+r}{1+g}TV - TV = \frac{FCF_t}{1+g} \quad \cdots\cdots (3)$$

式(3)を整理するとPA法によるTVの算定式が得られる。

$$TV = \frac{FCF_t}{r-g}$$

　それでは、X社の残存価値を算定してみましょう。

　X社の計画期間終了後の2014年度以降の継続可能FCFを**図表4-13**のとおり1,302百万円、継続成長率を0.0％、割引率を6.4％とした場合、残存価値は以下のとおり20,344百万円となります。

● 図表4-13　X社の残存価値の算定

(単位：百万円、%)	2011年度 (計画)	2012年度 (計画)	2013年度 (計画)	2014年度以降 (予想)
営業利益	1,400	1,700	2,100	2,100
受取配当金	70	70	70	70
EBIT	1,470	1,770	2,170	2,170
法人税等	(588)	(708)	(868)	(868)
EBIAT	882	1,062	1,302	1,302
減価償却費	2,000	2,300	2,500	2,500
設備投資	(2,200)	(2,500)	(2,500)	(2,500)
運転資本の(増)減	(50)	(80)	(120)	—
FCF	632	782	1,182	1,302

割引率	6.4%	
継続成長率	0.0%	

(単位：百万円)

残存価値 ＝ 継続可能FCF ÷ (割引率－継続成長率)
　　　　 ＝ 1,302 ÷ (6.4%－0.0%)
　　　　 ＝ 20,344

❖事業価値の算定に用いる割引率とは

　定期預金の受取利息の現在価値を計算する場合の割引率には、預金利率を用いましたが、事業価値の算定に用いる割引率には、債権者と株主が評価対象企業に求める期待投資利回りの加重平均値、**WACC**（Weighted Average Cost of Capital）を用います。

　WACCは、以下の算式で表すことができます。

〔WACCの算定式〕

$$WACC = E/(D + E) \times 株主資本コスト + D/(D + E) \times 負債コスト \times (1 - t)$$

　　E：株式時価総額　　　　　D：純有利子負債
　　E/(D + E)：株主資本比率　　D/(D + E)：負債比率
　　t：実効税率

　上記のとおりWACCを算定するには、株主資本コスト、負債コスト、株主資本比率および負債比率を算定しなければなりません。

▶株主資本コストの算定

　株主資本コストは、評価対象企業の株式へ投資するにあたり期待する収益率であり、一般的にはCAPM理論（Capital Asset Pricing Model）を用いて算定することが多いと思われます（110ページ参照）。

▶負債コストの算定

　負債コストについては、評価対象企業の格付や、実際の借入利率等を用いて、将来における借入コストを推定することになります。借入れに伴う支払利息は税務上も損金であり、その節税効果を価値算定に反映させるために、負債コストに対しては（1 －実効税率）を乗じて負債コストを算定します。

▶株主資本比率・負債比率の算定

　加重平均する際の資本構成（株主資本比率と負債比率）は、原則として時価ベースです。その算定方法は以下のとおり複数あるため、評価対象企業の実態と評価を行う際の状況を勘案したうえで、WACCを算定する際の資本構成を決定する必要があります。

①評価対象企業が想定する将来の資本構成

　評価対象企業が将来の資本構成について、目標値をもっている場合には、その目標とする資本構成を用いる場合があります。

②自社の資本構成

　評価対象企業が上場企業であれば、算定基準日時点における自社の株式時価総額と、貸借対照表に計上されている純有利子負債残高（有利子負債残高－現預金）から算定される資本構成を用いる場合があります。

③上場している類似企業の資本構成の平均値

　同様の事業を営む類似企業の資本構成を算定し、その水準を参考に評価対象企業の資本構成を推定する場合があります。

④循環計算

　DCF法で求めた株主資本価値を評価対象企業の株式時価総額と仮定して、循環計算で資本構成を算定する場合があります。ただしこの方法では、現実には許容できないほどのレバレッジのきいた（負債比率の高い）資本構成のもとで循環計算が成立する場合もありますので、留意が必要です。

●図表4-14　WACCの計算例

・株主資本コスト7％、負債コスト3％、実効税率40％、株主資本比率65％、負債比率35％である企業のWACCを計算してみる。

WACC＝E／(D＋E)×株主資本コスト＋D／(D＋E)×負債コスト×（1－t）
　　　＝　65％　×　7.0％　＋　35％　×　3.0％　×（1－40％）
　　　＝　5.2％

以下、まずは比較的簡単な負債コストの算定の説明からはじめます。

❖負債コストの算定方法

評価対象企業の負債コストは、以下の3つの方法を総合的に勘案して算定します。

▶(1) 事業計画における負債コストを用いる場合

評価対象企業のマネジメントが事業計画期間における負債コストについて想定値をもっている場合には、当該数値を用いることが考えられます。

ただし、過去の負債コストとの整合性や、市場金利との比較を行い、その妥当性を検討することが重要です。

▶(2) 現行の借入コストから算定する場合

算定基準日以前1年間の実際の支払利息と平均有利子負債残高を用いれば、以下のとおり負債コストを算定することができます。

負債コスト
　＝算定基準日以前の直近1年間の支払利息÷平均有利子負債残高

▶(3) 格付と借入コストの関係から算定する場合

評価対象企業と同格付の水準にある会社が発行する社債利回りを参考に負債コストを決定する方法です。

なお、上記(1)、(2)で算定された負債コストは信用リスクを反映していない場合があります。このため、実務上は(1)、(2)で算定された負債コストの水準を検証する目的で、この(3)の方法を使用しています。

ただし、上記のように求めた負債コストを将来における負債コストとして用いる場合には、以下のような点を考慮する必要があります。

①調達期間（短期借入金と長期借入金）

たとえば、図表4-15で示したように、借入金のうち短期借入金の比率が80％と非常に高く、その結果、算定された借入コストが安全資産といわれる長期国債利回りよりも低くなるような場合には、単純な加重平均借入利率を用いるのではなく、長期借入金の借入利率にも注目して負債コストを推定する必要があります。

●図表4-15　調達期間と借入利率

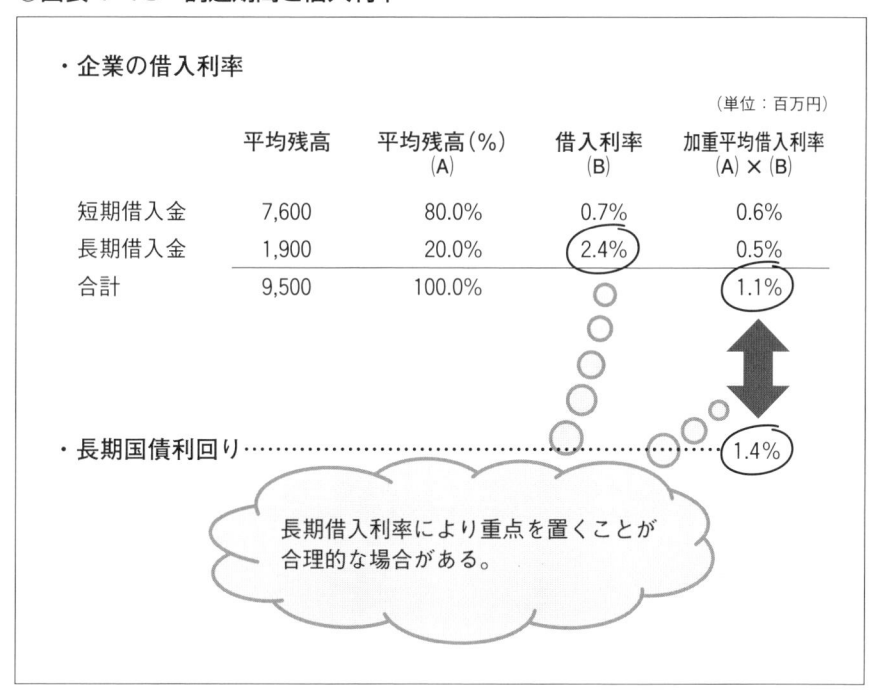

・企業の借入利率

（単位：百万円）

	平均残高	平均残高(%) (A)	借入利率 (B)	加重平均借入利率 (A)×(B)
短期借入金	7,600	80.0%	0.7%	0.6%
長期借入金	1,900	20.0%	2.4%	0.5%
合計	9,500	100.0%		1.1%

・長期国債利回り …………………………………………… 1.4%

> 長期借入利率により重点を置くことが合理的な場合がある。

②現行の借入コストの妥当性の検討

現在の有利子負債残高の借入実施時期が、算定基準日の数年前で、その間に市場金利の水準や評価対象企業の信用リスクが変動しているような場合、または借入先が親会社である等の理由で調達コストが明らかに市場金利と異なる場合には留意が必要です。算定基準日時点の社債市場等の公表利回りデータを参考に、評価対象企業の現行の負債コストを検証すること

が考えられます。

❖ 株主資本コストの算定方法──CAPM理論

　株主資本コストは、投資家が評価対象企業に投資する際に期待する利回りです。**CAPM理論**においては、投資家の期待リターンを以下の項目に分解して整理しています。

　CAPM理論（Capital Asset Pricing Model）とは、数理ファイナンスにおけるモデルの1つで、リスク資産の均衡市場価格に関する理論です。市場が均衡している状態では、リスク負担に見合うリターンを得ることができることを理論的に明らかにしたものです。

●図表4-16　CAPM理論の概念

評価対象企業に対する投資家の期待利回り	=	リスクをほとんど負うことなく獲得できる期待利回り	+	評価対象企業に投資するリスクを負うにあたり求められる追加の利回り		
	=	長期国債の利回り	+	長期国債の利回りを超えて株式市場に求められる超過利回り	×	評価対象企業のリスクと株式市場全体のリスクとの相関を表す係数
	=	リスクフリーレート	+	エクイティ・リスクプレミアム	×	ベータ値

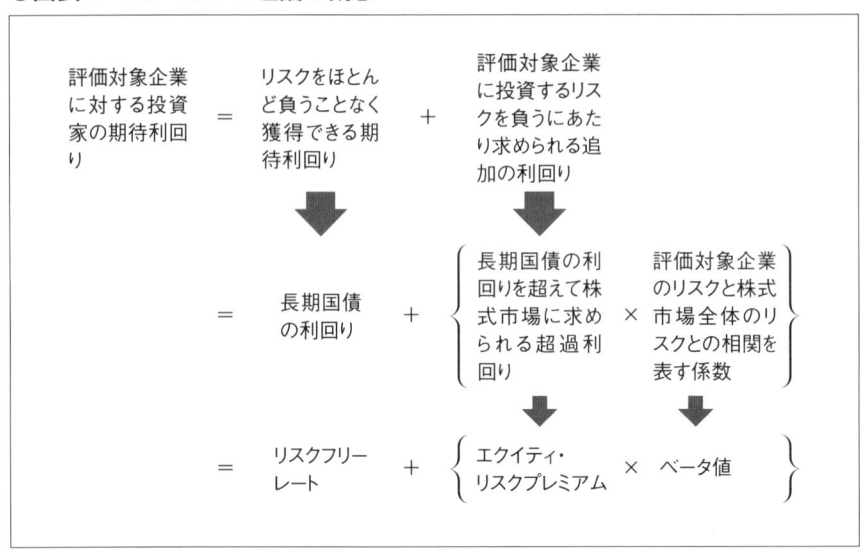

　図表4-16のように、株主が求める利回りを、リスクをほとんど負うことなく獲得できる利回りと、評価対象企業の株式に投資することにより負うリスクに応じて期待される利回りに分解することができます。

▶リスクフリーレート

　リスクフリーレートとは、リスクをほとんど負うことなく獲得できる利回りのことで、通常は国債の利回を用いて推定します。具体的には、取得の容易性や流動性等を考慮して、日本の場合は10年物国債の流通利回りをリスクフリーレートとして使用することが一般的です。

　次に評価対象企業の株式に投資する場合、リスクフリーレートとの比較において、投資家が追加的に求める期待投資利回りを算定する必要があります。CAPM理論においては、この追加的に求められる期待投資利回りは、基本的に次のエクイティ・リスクプレミアムとベータ値の2つから構成されるものとされています。

▶エクイティ・リスクプレミアム

　エクイティ・リスクプレミアムとは、仮に株式市場全体に投資しようとする場合、投資家がリスクフリーレートに対して追加的に求める期待投資利回りです。過去の東京証券取引所上場企業の株式に対する平均投資利回りと日本国債の投資利回りとの差に関する分析等から、実務上は日本のエクイティ・リスクプレミアムとして、4％から6％前後の数値が用いられることが多いようです。

▶ベータ値

　ベータ値とは、評価対象企業の株式への投資が、株式市場全体への投資と比較して、どれだけリスク（ボラティリティ）があるかを表す係数です。

　たとえば、ある企業のベータ値が1.5であれば、株式市場全体の価値が年間で5％変動する場合に、評価対象企業の株価は年間で7.5％（5％×1.5）変動することを示します。ベータ値が高ければ高いほど株式市場全体と比較してボラティリティが高い（リスクが高い）ということになります。よって、投資家が求める期待投資利回りも高くなるのです。

　逆に、ベータ値が1未満の場合は、投資家が求める期待投資利回りは、

株式市場全体に求める期待投資利回りよりも低いということを表しています（図表4-17）。

> ※ボラティリティ：価格変動の激しさや範囲を表す指標。ボラティリティが高いとは、当該資産の価格変動率が大きいことを意味する。

●図表4-17　ベータ値と投資家が求める期待投資利回り

・ベータ値＞１：株式市場全体よりもボラティリティが高い企業
　　　　　　　＝投資家が求める期待投資利回りが株式市場全体に対する
　　　　　　　　ものよりも高い企業

・ベータ値＝１：株式市場全体とボラティリティが同じ企業
　　　　　　　＝投資家が求める期待投資利回りが株式市場全体に対する
　　　　　　　　ものと同じ企業

・ベータ値＜１：株式市場全体よりもボラティリティが低い企業
　　　　　　　＝投資家が求める期待投資利回りが株式市場全体に対する
　　　　　　　　ものよりも低い企業

ベータ値の算定方法としては、以下の2つが考えられます。

①評価対象企業のベータ値を用いる場合

評価対象企業が上場企業である場合には、評価対象企業の株価とTOPIX指数の一定期間の推移を比較することによりベータ値を求めることができます。また、Bloomberg等の金融情報提供会社から評価対象企業のベータ値を入手することもできます。

なお、評価対象企業が上場企業であったとしても、評価対象企業のベータ値が、異常な水準となっている場合には、以下の②の手法に基づき、類似企業のベータ値を用いる場合があります。

②上場している類似企業のベータ値を用いる場合

評価対象企業のベータ値が、同業の他企業のものと比較して大幅に乖離している場合などは、その要因を分析したうえで類似企業のベータ値を用

いて算定を行う場合があります。

また、評価対象企業が非上場企業である場合、あるいは、評価対象企業が上場して間もないためそのベータ値に関する十分な統計データが得られない場合には、基本的に上場している類似企業のベータ値の平均値等を用いて評価対象企業のベータ値を推定することになります。その場合の類似企業のベータ値の平均値を算定する方法は**図表4-18**のとおりです。

●図表4-18　類似企業のベータ値の平均値の算定方法

```
┌─────────────────────────────────────────────┐
│ （ⅰ）上場している類似企業のベータ値をアンレバード化 │
└─────────────────────────────────────────────┘
                    ↓
┌─────────────────────────────────────────────┐
│ （ⅱ）上場している類似企業のアンレバードベータの平均値を評 │
│    価対象企業の資本負債比率でリレバード化           │
└─────────────────────────────────────────────┘
```

[②-1　上場している類似企業のベータ値のアンレバード化]

ベータ値は、ある事業を行ううえで発生する事業リスクと有利子負債等を負っていることによる財務リスクの2つの要素から構成されています。そのため、評価対象企業と類似する事業を営んでいる企業でも、資本構成が評価対象企業と異なる場合には、財務リスクの部分を評価対象企業の資本構成に基づき調整する必要があります。

そこで、類似企業のベータ値を用いる場合には、類似企業のベータ値から財務リスクを取り除き、事業リスクのみを反映したベータ値を算定します。この財務リスクを取り除いたベータ値を、**アンレバードベータ**といいます。ちなみに、事業リスクだけではなく、財務リスクも含まれているベータ値を**レバードベータ**といい、アンレバードベータと区別して呼びます。アンレバードベータは、資金調達をすべて株式（すなわち自己資本）で行っていると想定したベータ値ということができ、以下の公式を用いて算定します。

〔アンレバードベータ値の算定式〕

アンレバードベータ値＝ベータ値／$\{1+(1-t)\times D/E\}$

　t：実効税率　D：純有利子負債　E：株式時価総額

●図表4-19　ベータ値の構成概念

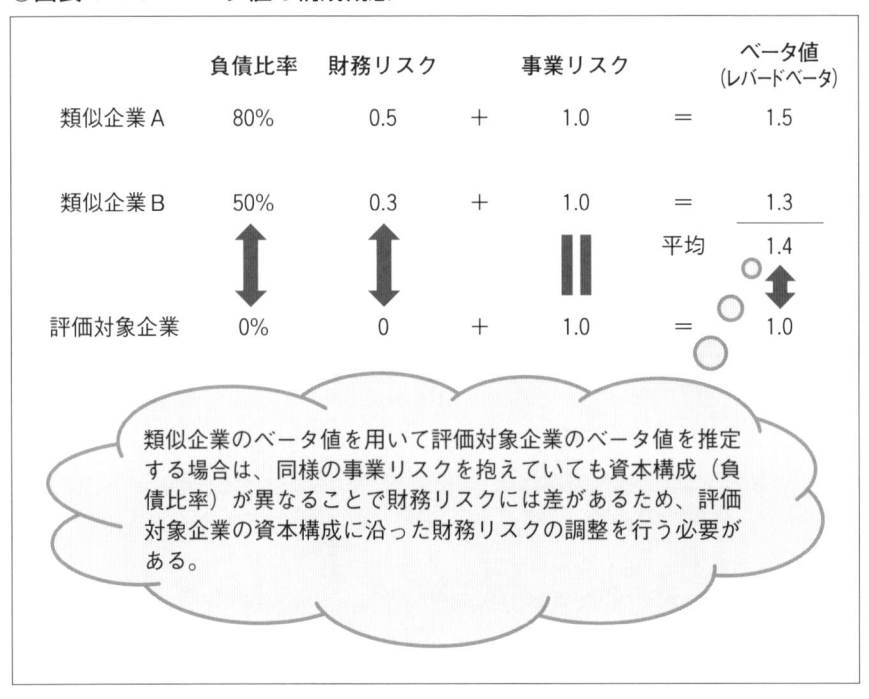

	負債比率	財務リスク		事業リスク		ベータ値 （レバードベータ）
類似企業A	80%	0.5	＋	1.0	＝	1.5
類似企業B	50%	0.3	＋	1.0	＝	1.3
					平均	1.4
評価対象企業	0%	0	＋	1.0	＝	1.0

> 類似企業のベータ値を用いて評価対象企業のベータ値を推定する場合は、同様の事業リスクを抱えていても資本構成（負債比率）が異なることで財務リスクには差があるため、評価対象企業の資本構成に沿った財務リスクの調整を行う必要がある。

　複数の類似企業のアンレバードベータを求めたうえで、その平均値を算定し、評価対象企業が営む事業のリスク（よって業種のリスク）のみを反映したアンレバードベータ値を推定します（**図表4-20**）。

　〔②-2　アンレバードベータのリレバード化〕

　次に、類似企業のアンレバードベータの平均値（または中央値等の採用値）を評価対象企業の資本構成に基づきリレバード化します。アンレバー

●図表4-20　資本構成が異なる類似企業のベータ値のアンレバード化

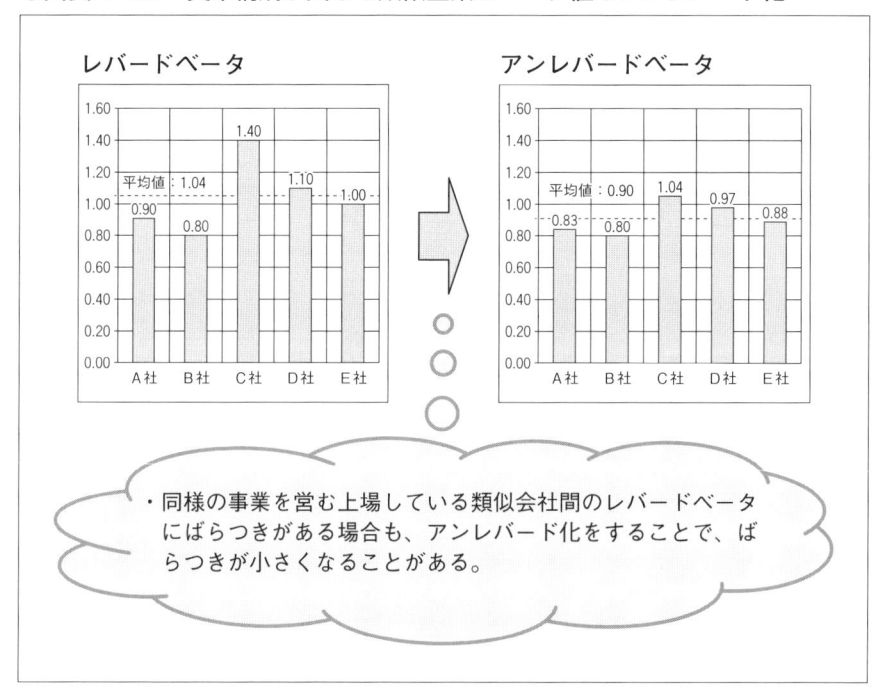

レバードベータ

A社	0.90
B社	0.80
C社	1.40
D社	1.10
E社	1.00

平均値：1.04

アンレバードベータ

A社	0.83
B社	0.80
C社	1.04
D社	0.97
E社	0.88

平均値：0.90

・同様の事業を営む上場している類似会社間のレバードベータにばらつきがある場合も、アンレバード化をすることで、ばらつきが小さくなることがある。

ドベータは財務リスクがないベータ値、すなわち、すべて株式で資金調達した場合（負債比率がゼロ）のベータ値です。評価対象企業の財務リスクを反映（リレバード化）するために、次の**リレバードベータ**の算定式を用いて、評価対象企業のアンレバードベータをリレバード化します。

〔リレバードベータの算定式〕

$$\text{リレバードベータ} = \text{アンレバードベータ値} \times \{1 + (1-t) \times D/E\}$$

　　t：実効税率　　D：純有利子負債　　E：株式時価総額

以上をもとに評価対象企業のベータ値の算定過程を示したのが、**図表4-21**です。

●図表4-21　評価対象企業のベータ値の算定

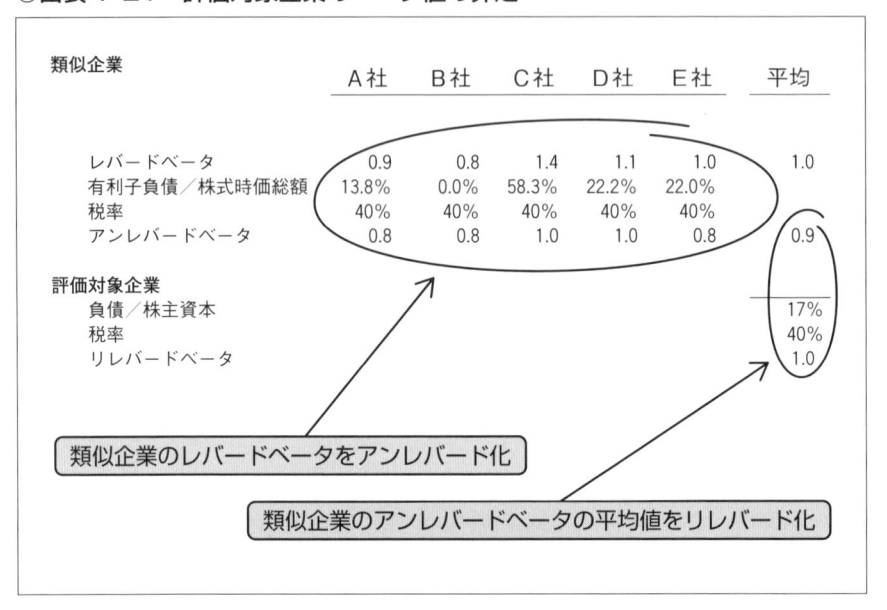

類似企業	A社	B社	C社	D社	E社	平均
レバードベータ	0.9	0.8	1.4	1.1	1.0	1.0
有利子負債／株式時価総額	13.8%	0.0%	58.3%	22.2%	22.0%	
税率	40%	40%	40%	40%	40%	
アンレバードベータ	0.8	0.8	1.0	1.0	0.8	0.9

評価対象企業						
負債／株主資本						17%
税率						40%
リレバードベータ						1.0

類似企業のレバードベータをアンレバード化

類似企業のアンレバードベータの平均値をリレバード化

❖ 株主資本コストの算定方法――固有のリスクプレミアム

　ここまでCAPM理論を用いて株主資本コストの算定に含まれる項目（具体的にはリスクフリーレート、エクイティ・リスクプレミアム、ベータ値）について説明してきましたが、評価実務においては、CAPM理論には含まれていない評価対象企業固有のリスクに対するプレミアムを考慮する場合があります。この評価対象企業固有のリスクは、これまで説明してきたエクイティ・リスクプレミアムとベータ値には反映されていない追加のリスクプレミアムという位置づけになります。

　固有のリスクプレミアムは、評価対象企業の将来事業計画の達成可能性に関するリスクや、資本規模が相対的に小さいことに関するリスク等を勘案して上乗せする場合があります（**図表4-22**）。

●図表4-22　固有のリスクプレミアム

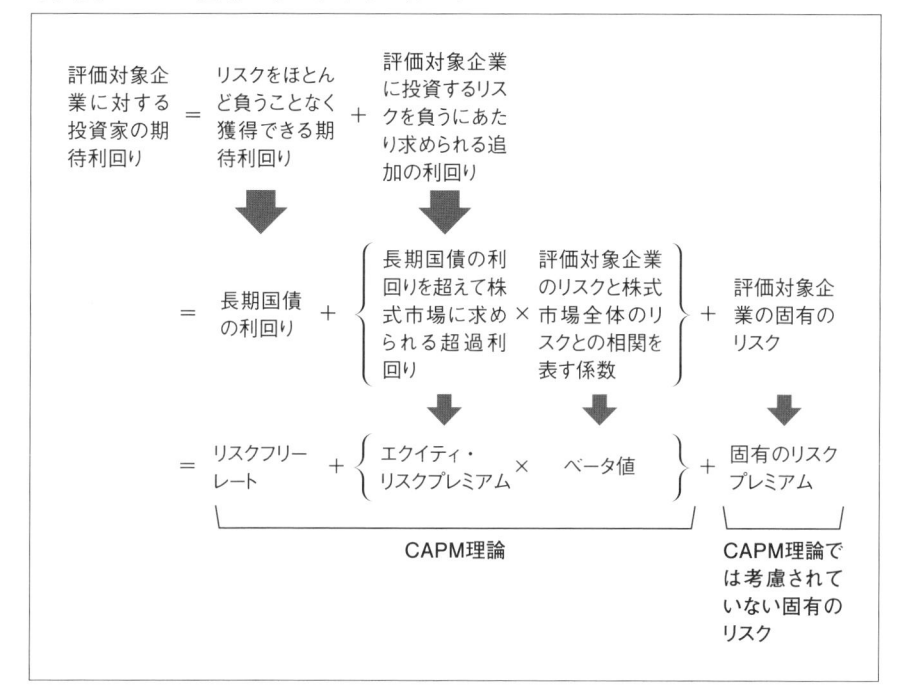

評価対象企業に対する投資家の期待利回り ＝ リスクをほとんど負うことなく獲得できる期待利回り ＋ 評価対象企業に投資するリスクを負うにあたり求められる追加の利回り

＝ 長期国債の利回り ＋ { 長期国債の利回りを超えて株式市場に求められる超過利回り × 評価対象企業のリスクと株式市場全体のリスクとの相関を表す係数 } ＋ 評価対象企業の固有のリスク

＝ リスクフリーレート ＋ { エクイティ・リスクプレミアム × ベータ値 } ＋ 固有のリスクプレミアム

（CAPM理論）　（CAPM理論では考慮されていない固有のリスク）

❖X社の割引率を算定してみる

それでは、X社の割引率を算定してみましょう。

［資本構成］

まず、X社は上場しているため、資本構成については、算定基準日現在の株式時価総額と純有利子負債を用いて算定します。

［負債コスト］

負債コストについては、算定基準日以前の1年間の負債コストを用いることにします。

［株主資本コスト］

リスクフリーレートについては、10年物国債利回り（ここでは1.2％とする）を用いることにします。ベータ値については、X社が上場している

ため、X社自身のベータ値を用いることにします。エクイティ・リスクプレミアムについては、5％を用いることとし、固有のリスクプレミアムについては、1％を上乗せすることにします。

以上の前提で、X社のWACCを計算すると、**図表4-23**のとおり6.4％となります。

●図表4-23　X社の割引率の算定

評価基準日		2011年3月31日		
実効税率		40.0％		
想定資本構成				資本構成
純有利子負債残高	(A)		2,500	14％
株式時価総額	(B)		15,000	86％
合計			17,500	100％
負債コスト				
支払利息	(C)			90
平均有利子負債残高	(D)			5,000
負債コスト	(E) ＝ (C) ／ (D)			1.8％
税効果	(F) ＝ (E) × 40％			0.7％
税効果考慮後負債コスト	(G) ＝ (E) － (F)			1.1％
株主資本コスト				
リスクフリーレート	(H)			1.2％
エクイティ・リスクプレミアム	(I)			5.0％
ベータ値	(J)			1.0
固有のリスクプレミアム	(K)			1.0％
株主資本コスト	(L) ＝ (H) ＋ (I) × (J) ＋ (K)			7.2％
WACC				
加重平均負債コスト	(M) ＝ (A) × (G)			0.2％
加重平均株主資本コスト	(N) ＝ (B) × (L)			6.2％
加重平均資本コスト（WACC）	(M) ＋ (N)			6.4％

❖ X社の事業価値の算定

これまでに算定したFCF、残存価値、割引率を用いて、X社の事業価値を図表4-24のように算定します。なお、残存価値はPA（Perpetuity Assumption）法に基づき算定します。ここでは、継続可能FCF1,302百万円（2013年度のEBIATが2014年度以降も継続するものと想定した）を6.4％（割引率6.4％－継続成長率0％）で除することにより、残存価値を20,344百万円と算定します。また、残存価値は計画期間終了時の価値であるため、計画期間最終年度である2013年度の割引現価係数を用いて、現在価値に割り引きます。

● 図表4-24　X社の事業価値の算定

（単位：百万円、％）	2011年度(計画)	2012年度(計画)	2013年度(計画)	2014年度以降(予想)
営業利益	1,400	1,700	2,100	
受取配当金	70	70	70	
EBIT	1,470	1,770	2,170	
法人税等	(588)	(708)	(868)	
EBIAT	882	1,062	1,302	
減価償却費	2,000	2,300	2,500	
設備投資	(2,200)	(2,500)	(2,500)	
運転資本の（増）減	(50)	(80)	(120)	
FCF	632	782	1,182	1,302
WACC　6.4％			残存価値	20,344
現価係数	0.9398	0.8833	0.8302	0.8302
FCFの現在価値	594	691	981	16,890

計画期間のFCFの現在価値の合計	2,266
残存価値の現在価値	16,890
事業価値	19,156

❖ 非事業用資産価値の加算、有利子負債等の減算

事業価値に非事業用資産を加算することにより、企業価値を算定し、さらに企業価値から有利子負債や非支配株主持分等を減算することにより株主資本価値を算定します。非事業用資産の価値を加算する際のポイントと

しては、以下のような点が挙げられます。

▶FCFと非事業用資産の加算で価値をダブルカウントしない

たとえば、投資有価証券の受取配当金をFCFの算定において考慮しているにもかかわらず、当該投資有価証券の価値を非事業用資産として加算してしまうと、価値をダブルカウントすることになります。

したがって、評価対象企業が有する資産のうち、どの資産がFCFに貢献している事業用資産で、どの資産がFCFの算定では考慮されていない非事業用資産なのかを確認することが重要です。

▶修正純資産法における分析との整合性をとる

修正純資産法において、非事業用資産の時価および当該時価に基づく含み損益に関して税効果等が考慮されている場合には、これらを非事業用資産の価値に反映させたうえで、事業価値に加算することが整合的です。

また、修正純資産法における分析の中で、認識すべき簿外債務や偶発債務がある場合には、その税効果をあわせ、DCF法においてもこれらの影響を考慮する必要があります（図表4-25）。

●図表4-25　修正純資産法の分析内容のDCF法への反映

修正項目	含み損益のDCF法への反映
事業用資産	×
非事業用資産	○
簿外・偶発債務	○（FCFの中でそのキャッシュ・フローへの影響が考慮されていない場合のみ）

X社の事業価値への加減算項目に関する前提は以下のとおりです（**図表4-26**）。

・有価証券

有価証券については、余剰現預金の運用目的で保有しているとのことであるため非事業用資産とし、事業価値に加算します。

・土地

遊休資産となっている土地が貸借対照表に500百万円（税務上の簿価も同額）で計上されているため、当該遊休資産の税効果考慮後の時価である440百万円を事業価値に加算します。

・現預金

現預金のうち事業運営上必要な運転資金は500百万円とのことであるため、現預金残高2,500百万から500万円を引いた2,000百万円を余剰現預金残高として、企業価値に加算します。

・有利子負債、簿外債務

短期借入金500百万円と長期借入金4,500百万円の合計額5,000百万円を有利子負債とし、企業価値から減算します。また、簿外債務もFCFの算定に織り込まれていないため、その税効果考慮後の影響を有利子負債と同様に減算項目とします。

●図表4-26　X社の事業価値への加減算項目

(単位：百万円)

	貸借対照表残高	含み損益	税効果	修正後
余剰現預金	2,000			2,000
有価証券（流動）	1,000			1,000
土地（非事業用資産）	500	(100)	40	440
有利子負債	(5,000)			(5,000)
簿外債務		(500)	200	(300)
合計	(1,500)	(600)	240	(1,860)

❖ X社の株主資本価値の算定

　事業価値に非事業用資産の価値を加算し、純有利子負債と簿外債務を減算することで、株主資本価値を算定します。その結果、X社の株主資本価値は17,296百万円と算定されました（図表4-27）。

●図表4-27　X社の株主資本価値

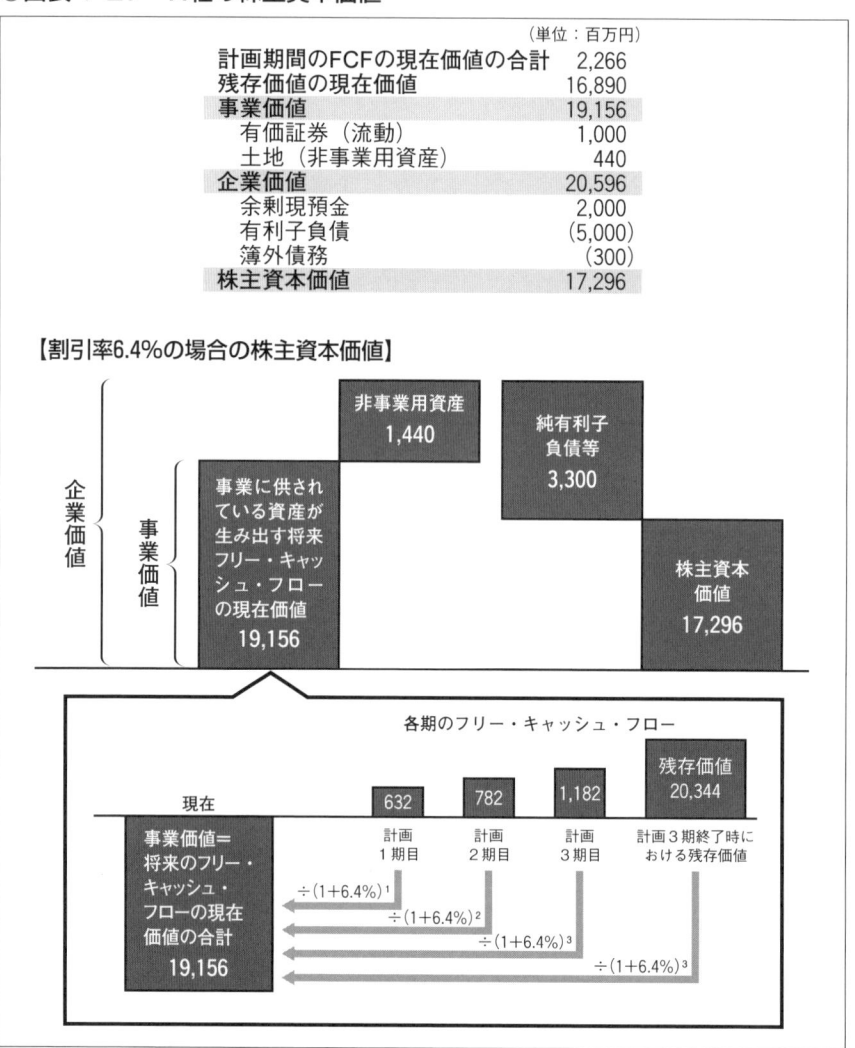

(単位：百万円)

計画期間のFCFの現在価値の合計	2,266
残存価値の現在価値	16,890
事業価値	**19,156**
有価証券（流動）	1,000
土地（非事業用資産）	440
企業価値	**20,596**
余剰現預金	2,000
有利子負債	(5,000)
簿外債務	(300)
株主資本価値	**17,296**

【割引率6.4%の場合の株主資本価値】

企業価値
- 事業価値
  - 事業に供されている資産が生み出す将来フリー・キャッシュ・フローの現在価値　19,156
- 非事業用資産　1,440

純有利子負債等　3,300

株主資本価値　17,296

各期のフリー・キャッシュ・フロー

現在	計画1期目	計画2期目	計画3期目	残存価値 計画3期終了時における残存価値
事業価値＝将来のフリー・キャッシュ・フローの現在価値の合計 19,156	632 ÷(1+6.4%)[1]	782 ÷(1+6.4%)[2]	1,182 ÷(1+6.4%)[3]	20,344 ÷(1+6.4%)[3]

3 エクイティ・アプローチに基づくDCF法とDDM法

株主資本価値を直接的に算定する手法

❖エンタープライズ・アプローチとエクイティ・アプローチ

　これまで述べてきた「DCF法による評価(1)と(2)」において説明したDCF法は、企業が営む事業の価値（事業価値）をまず算定して、そこに非事業用資産の価値を加算（この時点で企業価値を算定）し、最終的に純有利子負債残高等を減算することで株主資本価値を算定しました。

　まず、事業価値を算定したうえで最終的に株主資本価値を導き出すことから、この方法をDCF法の中でも**エンタープライズ・アプローチ**（Enterprise Approach）と呼んでいます。通常、DCF法を用いる場合は、この方法を使います。

　一方で、株主資本価値を直接的に算定するDCF法の一種として、**エクイティ・アプローチ**（Equity Approach）があります。また、エクイティ・アプローチの1つの形態として**DDM法**（Dividend Discount Model）があります。

▶エクイティ・アプローチは金融業種の評価に適している

　エクイティ・アプローチに基づくDCF法やDDM法を用いた株主資本価値の評価が適当な業種として、金融があります。

　製造業等の事業会社においては、事業戦略と財務戦略（事業に必要な資金の調達や事業から生まれる資金の運用戦略）をある程度切り離して考えることができます。一方、金融機関等においては、財務戦略自体が事業の根幹であり、これをDCF法で用いる将来事業計画と分離して考えることはできません。

したがって、金融機関をDCF法により評価する場合には、原則としてエクイティ・アプローチに基づくDCF法やDDM法が採用されることになります。

❖ エクイティ・アプローチに基づくDCF法とは

エンタープライズ・アプローチに基づくDCF法において、割引計算の対象となるキャッシュ・フローは債権者と株主の両方に分配可能であるのに対して、エクイティ・アプローチに基づくDCF法において割引計算の対象となるキャッシュ・フローは、債権者へのキャッシュ・フロー控除後の株主に対して分配可能なキャッシュ・フローのみ、すなわち、**FCFE**(Free Cash Flow to Equity) となります。

分析対象となるFCFが異なるため、**図表4-28**に記載のとおりエンタープライズ・アプローチに基づくDCF法とエクイティ・アプローチに基づくDCF法とでは、いくつかの項目において、その取扱いが異なります。

また、エクイティ・アプローチに基づくDCF法による算定プロセスを示したのが**図表4-29**です。

●図表4-28　エンタープライズ・アプローチとエクイティ・アプローチに基づくDCF法の主な違い

	エンタープライズ・アプローチに基づくDCF法	エクイティ・アプローチに基づくDCF法
分析対象となるFCF	債権者と株主に分配可能なキャッシュ・フロー	株主に対して分配可能なキャッシュ・フロー
FCFの基礎となる利益	EBIT (Earnings Before Interest and Taxes、金利税金差引前利益)	EBT (Earnings Before Taxes、税引前利益)
有利子負債残高の計画値	不要	必要
割引率	WACC	株主資本コスト

●図表4-29　エクイティ・アプローチに基づくDCF法による算定プロセス

エクイティ・アプローチに基づくDCF法による算定プロセス

①会社の事業計画に基づき、株主に対して分配可能な将来の
フリー・キャッシュ・フロー（FCFE）を算定

②FCFEに基づく残存価値（Terminal Value）の算定

③割引率（株主資本コスト）の算定

④将来の各年度のFCFE・残存価値の割引現在価値
（株主に帰属するキャッシュ・フローの現在価値）を算定

⑤偶発債務等の減算

⑥評価対象企業の株主資本価値の算定

▶FCFEの基礎となる利益とは

　エンタープライズ・アプローチに基づくDCF法においては、株主のみならず、債権者に対しても分配可能なFCFを求めるため、**EBIT**、すなわち、金利税金差引前の利益がFCFの基礎となります。一方、エクイティ・アプローチに基づくDCF法においては、株主に対してのみ分配可能なFCFを求めるため、**EBT**（Earnings Before Taxes）、すなわち金利差引後税引前利益がFCFEの基礎となります。

▶有利子負債残高の計画値について

　エンタープライズ・アプローチに基づくDCF法においては、WACC算定の際の資本構成（株主資本比率・負債比率）が最適資本構成として将来も継続すると想定したうえで評価しますので、有利子負債残高の計画値は不要です。

　それに対し、エクイティ・アプローチに基づくDCF法においては、株主に対してのみ分配可能なFCFを求めるために、有利子負債残高の将来の増減を、FCFE算出時の調整項目として考慮する必要があります。有利子負債残高の増減を計画するということは、借入先に対する返済や追加借入を予想することですので、そのキャッシュ・フローの流出または流入の株主にとっての影響、すなわち配当原資となるFCFEへの影響を把握する必要があるということです。

　そのために、有利子負債残高の計画値が必要になってきます。また、そういった観点からは現預金残高の予想もあわせて必要となります。

▶割引率について

　エンタープライズ・アプローチに基づくDCF法においては、株主と債権者へ分配可能なFCFを現在価値に割り引くためにWACCを用いますが、エクイティ・アプローチに基づくDCF法においては、株主に対してのみ分配可能なFCFを割り引くため、**株主資本コスト**を割引率に用います。

▶有利子負債の減算について

　エンタープライズ・アプローチに基づくDCF法においては、株主資本価値を算定するに際して企業価値から純有利子負債を減算しますが、エクイティ・アプローチに基づくDCF法においては、FCFEの算出時に、受取利息・支払利息と有利子負債残高の増減をすでに考慮しているため、FCFEの現在価値からは評価基準日時点の純有利子負債残高を減算する必要はありません。

●図表4-30　エクイティ・アプローチに基づくDCF法の株主資本価値の算定例

(単位：百万円、%)	2011年度 (計画)	2012年度 (計画)	2013年度 (計画)	2014年度以降 (予想)
営業利益	1,400	1,500	1,700	
受取配当金	70	70	70	
受取利息・支払利息	(90)	(81)	(85)	
EBT	1,380	1,489	1,685	
法人税等	(552)	(596)	(674)	
EAT	828	893	1,011	1,011
減価償却費	1,800	1,900	1,950	1,950
設備投資	(2,000)	(2,200)	(2,100)	(1,950)
運転資本の(増)減	(50)	(80)	(100)	
有利子負債残高の増減	(100)	(400)	200	
FCFE	478	113	961	1,011
株主資本コスト　8.4%				残存価値　12,036
現価係数	0.9225	0.8510	0.7851	0.7851
FCFEの現在価値	441	96	754	9,449

計画期間のFCFEの現在価値の合計	1,291
残存価値の現在価値	9,449
FCFE・残存価値の現在価値の合計	10,740
偶発債務	(100)
株主資本価値	**10,640**

有利子負債残高の減少(増加)
＝借入金の(返済)増加
＝現金(支出)収入
となるので、有利子負債残高の減少(増加)額は減算(加算)する。

株主に対して分配可能なキャッシュ・フローのみを計算するため、受取利息・支払利息を考慮する。

(単位：百万円)	2011年度 (計画)	2012年度 (計画)	2013年度 (計画)	2014年度以降 (予想)
有利子負債残高の計画値	4,900	4,500	4,700	4,700
有利子負債残高の増減	(100)	(400)	200	—

▶エクイティ・アプローチに基づくDCF法の適用における留意点

　エクイティ・アプローチに基づくDCF法の場合には、将来における評価対象企業の財務戦略（有利子負債残高等）を想定する必要があるため、エンタープライズ・アプローチに基づくDCF法に比べてより多くの仮定を置くことになります。

　また、エンタープライズ・アプローチに基づくDCF法におけるFCFが、評価対象企業の財務戦略（資本構成、借入の返済計画等）によらない、事業戦略から生み出されるキャッシュ・フローであるのに対して、エクイティ・アプローチに基づくDCF法におけるFCFEは、受取利息・支払利息考慮後、有利子負債残高の増減考慮後のキャッシュ・フローであるため、評価対象企業の事業戦略と財務戦略の両方を加味したキャッシュ・フローといえます。

❖自己資本比率について規制を受ける金融機関のDDM法

　DDM（Dividend Discount Model）法とは、将来期待される配当額を現在価値に割り引いて評価対象株式の価値を求める評価手法です。

　DDM法にはいくつかの類型があり、それらには、配当額が将来にわたって一定であると想定しそれを株主資本コストで割り引いて株式価値を算出するゼロ成長モデル、将来の配当額が一定の成長率で増加すると仮定して株式価値を求める定率成長モデル、成長のステージをいくつかに分けて想定する多段階成長モデル等が含まれます。

　定率成長モデルの場合、株式価値をS、1株当たり配当額をD、割引率をr、配当の成長率をgとすると、その算式は以下のとおりとなります。

[DDM法の算式（定率成長モデルの場合）]

$$S = D / (r - g)$$
＊ただし、$r > g$

▶自己資本比率について規制を受ける金融機関の評価に使用するDDM法

　この節のはじめに、金融業種の企業の価値評価においてはエクイティ・アプローチに基づくDCF法を用いることが適当であると述べましたが、銀行など自己資本比率について規制を受ける金融機関を評価する際には、DDM法を用いる場合が多いと思われます。

　ただし、ここで用いるDDM法は、上記で説明した一般的なDDM法とは少し異なります。

　以下で説明する、自己資本比率について規制を受ける金融機関の評価に使用するDDM法は、エクイティ・アプローチに基づくDCF法の一種ですが、将来の配当可能額を割り引いて株主資本価値を求めることから、実務上、DDM法と呼ばれることが多く、本書でもその呼び方を用いることとします。

▶DDM法による算定

　DDM法では、評価対象企業が、規制上または事業上、必要とすると考えられる自己資本を内部留保したうえで、その必要留保額を上回る毎期の剰余金残高を株主に対する配当可能額とみなし、その配当可能額のすべてを配当すると仮定した場合のFCFEを用いて、株主資本価値の算定を行います。各期のFCFEならびに残存価値を現在価値に割り引く際は、エクイティ・アプローチに基づくDCF法の場合と同様に算定を行います。

　なお、銀行の評価の場合、自己資本比率の計算においては、会計上の自己資本ではなく、銀行法上（または関連規制上）のリスクアセットや自己資本の定義に基づき算定される自己資本比率に基づき将来の配当可能額を算定すべき点に留意が必要です。

　DDM法による算定の概念を**図表4-31**に、その算定プロセスを**図表4-32**に示しました。

●図表4-31　DDM法による算定の概念図

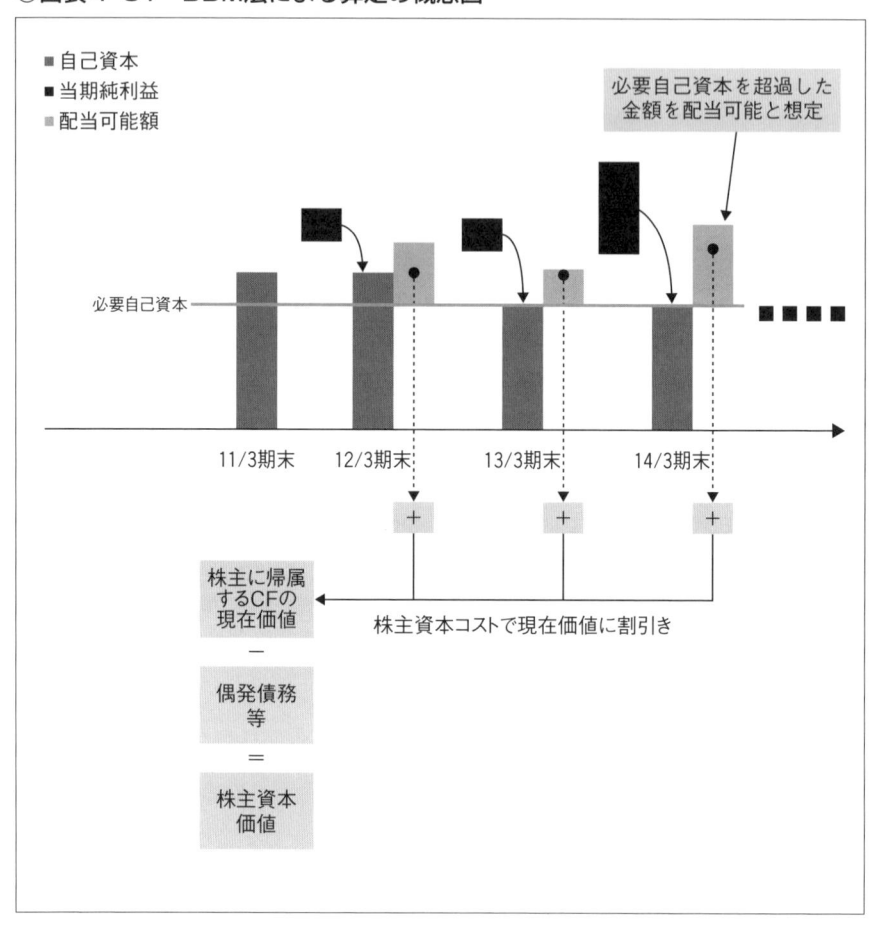

●図表4-32　DDM法の算定プロセス

```
           DDM法による算定プロセス
                    ↓
    ①想定される必要自己資本（自己資本比率）を算定
                    ↓
    ②会社の事業計画に基づく各期の自己資本を算定
                    ↓
    ③必要自己資本（①）と、事業計画に基づく自己資本から
      計画期間における各期の配当可能額を算定
                    ↓
    ④計画期間最終年度の配当可能額に基づく残存価値を算定
                    ↓
    ⑤割引率（株主資本コスト）の算定
                    ↓
    ⑥将来の各年度の配当可能額・残存価値の
      割引現在価値を算定
                    ↓
    ⑦偶発債務等の減算
                    ↓
    ⑧評価対象企業の株主資本価値の算定
```

第4章　インカム・アプローチによる評価と実際

4 収益還元法による評価

一定の予想収益から株主資本価値を算定する手法

❖ 事業計画がない場合に用いられる収益還元法

　DCF法、DDM法においては、評価対象企業の事業計画に基づき、株主資本価値を算定しましたが、評価対象企業の事業計画がない場合には、**収益還元法**を用いて株主資本価値を算定することがあります。

　収益還元法は、その名のとおり将来の想定収益を永久還元することによって、株主資本価値を算定する手法です。

　毎期一定の割合で収益が成長する場合の収益還元法に基づく株主資本価値は以下のように算定します。

[WACCを還元率として用いる場合]

株主資本価値　＝　将来の想定EBIT ×（1 －税率）
　　　　　　　　÷（WACC －継続成長率）
　　　　　　　＋ 非事業用資産
　　　　　　　－ 有利子負債等

[株主資本コストを還元率として用いる場合]

株主資本価値　＝　将来の想定EBT ×（1 －税率）
　　　　　　　　÷（株主資本コスト －継続成長率）

還元率にWACCを用いる場合には、DCF法と同様にEBITを基礎として収益還元を行い、非事業用資産の加算、純有利子負債の減算等を行い、株主資本価値を算定します。

還元率に株主資本コストを用いる場合には、エクイティ・アプローチに基づくDCF法（前節参照）と同様にEBTを基礎として収益還元を行い、偶発債務の減算等を行い、株主資本価値を算定します。

▶将来の想定収益について

収益還元法においては、ある一定の収益を永久還元することにより、株主資本価値を算定するため、将来の想定収益にどのような値を用いるかが重要になります。

収益還元法は事業計画がない場合に用いることが多いため、過去の収益実績に基づき将来の収益を想定することが多いと考えられますが、その際には、一時的な損益を除外することが重要になります。なぜなら、もし、一時的な損益を含んだ損益を永久還元した場合には、将来計上されることのない一時的損益を価値として反映してしまい、その結果、株主資本価値を過大（過小）に評価してしまう可能性があるためです。

一時的な損益を除外するにあたっては、会計上の特別損益すべてを一時的な損益として除外するのではなく、毎期継続的に特別損益として計上されているような項目は、その取扱いに注意が必要です。

たとえば、評価対象企業が固定資産除却損を毎期継続して計上しているのであれば、当該固定資産除却損は、完全に一過性のものとはいい切れないかもしれません。このような場合には、将来の想定収益の一部として考慮するほうが評価対象企業の実態に即しているといえる場合もあります。損益が比較的安定した企業を評価する場合には、簡易に評価が行えるという点において便利な手法ということができます。

過去3期の平均値に基づく想定収益をもとに収益還元法による算定例を示したのが、**図表4-33**です。

●図表4-33　収益還元法による算定例～過去3期の平均値に基づく想定収益：EBITから株主資本価値を算定する場合

(単位：百万円、%)	2008年度(実績)	2009年度(実績)	2010年度(実績)		想定収益の分析(予想)
売上高	29,000	31,000	30,000	→	30,000
売上原価	(26,000)	(27,200)	(26,500)	→	(26,567)
粗利益	3,000	3,800	3,500	→	3,433
粗利益率	*10.3%*	*12.3%*	*11.7%*		*11.4%*
販売管理費	(1,750)	(2,370)	(2,200)	→	(2,107)
営業利益	1,250	1,430	1,300		1,326
営業利益率	*4.3%*	*4.6%*	*4.3%*		*4.4%*
営業外収益・費用					
受取利息	17	15	20		
受取配当金	70	70	70	→	70
支払利息	(90)	(90)	(90)		
経常利益	1,247	1,425	1,300		
特別損益					
固定資産売却益		200			
固定資産除却損	(12)	(20)	(15)	→	(16)
税引前利益	1,235	1,605	1,285	EBIT	1,380
				法人税等	(552)
				EBIAT	828
				割引率：WACC	6.4%
				事業価値	12,938
				非事業価値	2,500
				有利子負債	(5,000)
				株主資本価値	10,438

- WACCを還元率に用いる場合には、想定損益に受取利息・支払利息を含めない。
- 一時的な損益であると考えられるため、想定収益に含めない。
- 毎期継続して計上している特別損益は実態に応じて想定損益に含める。

5 事業計画の分析

将来の事業計画を検討することにより、評価の信頼性を高める

❖事業計画の分析プロセス

　前述の「2　DCF法による評価(2)」(96ページ)では、事例としてX社の株主資本価値の算定方法を解説しましたので、企業価値評価がどのような構成要素から算定されるか、概要を理解していただけたと思います。

　DCF法では、評価対象企業の将来損益予測である事業計画を用いることにより事業価値を算定しますので、事業計画の設定数値如何で評価額が大きく異なることとなります。そのため、評価実務においては、事業計画の分析は必要不可欠なものであり、その分析の結果、事業計画の実現可能性に疑いがある場合には、事業計画を実現可能な水準にまで補正したうえで、価値算定を行う場合があります。

　事業計画分析の主要なプロセスは、**図表4-34**のとおりとなります。

　一般的に事業計画には以下の諸々の計画が含まれています。
・予測損益計算書（会社の将来損益予測）
・予測貸借対照表／キャッシュ・フロー計算書（資金繰り計画）
・各種事業施策やビジネス面での分析資料
・設備投資計画
・人員計画
・主要な前提条件

● 図表4-34　事業計画の分析プロセス

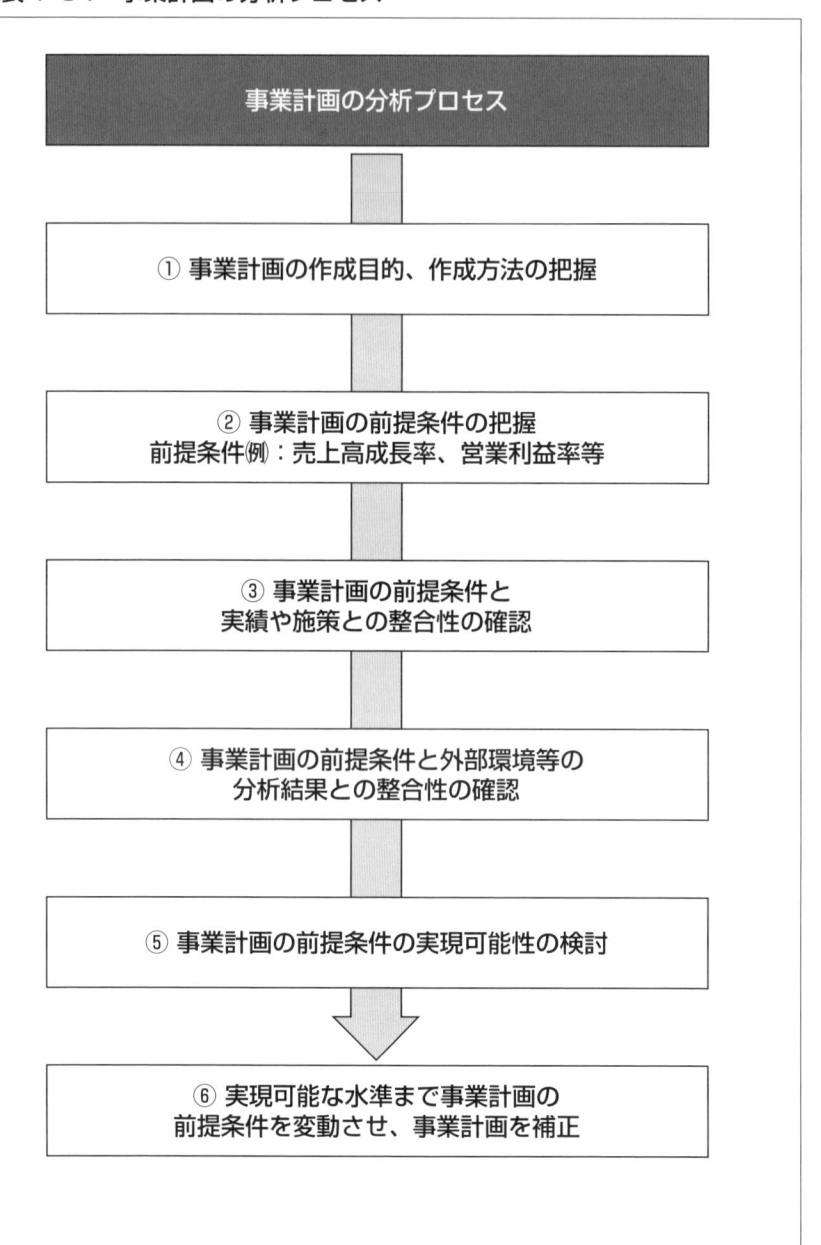

事業計画の分析プロセス

① 事業計画の作成目的、作成方法の把握

② 事業計画の前提条件の把握
前提条件(例)：売上高成長率、営業利益率等

③ 事業計画の前提条件と
実績や施策との整合性の確認

④ 事業計画の前提条件と外部環境等の
分析結果との整合性の確認

⑤ 事業計画の前提条件の実現可能性の検討

⑥ 実現可能な水準まで事業計画の
前提条件を変動させ、事業計画を補正

❖予測損益計算書の分析

予測損益計算書を分析するうえでのポイントは多岐にわたりますが、たとえば、以下のような分析を行うことがあります。

▶事業計画の前提条件と過年度実績との整合性の確認

事業計画の前提条件と過年度実績とを比較分析し、事業計画の前提条件として設定された数値の合理性を確認します（**図表4-35**）。

事業計画の前提条件（売上高成長率や営業利益率等）の将来における推移が、実績値の推移と異なる傾向にある場合には、その達成可能性を慎重に検討する必要があります。たとえば、過去の実績では営業利益率が悪化しているにもかかわらず、事業計画で大きく改善している場合には、その要因を把握し、営業利益率改善のための施策の内容やその実現可能性等を検討する必要があります。

●図表4-35　事業計画と過年度実績との整合性

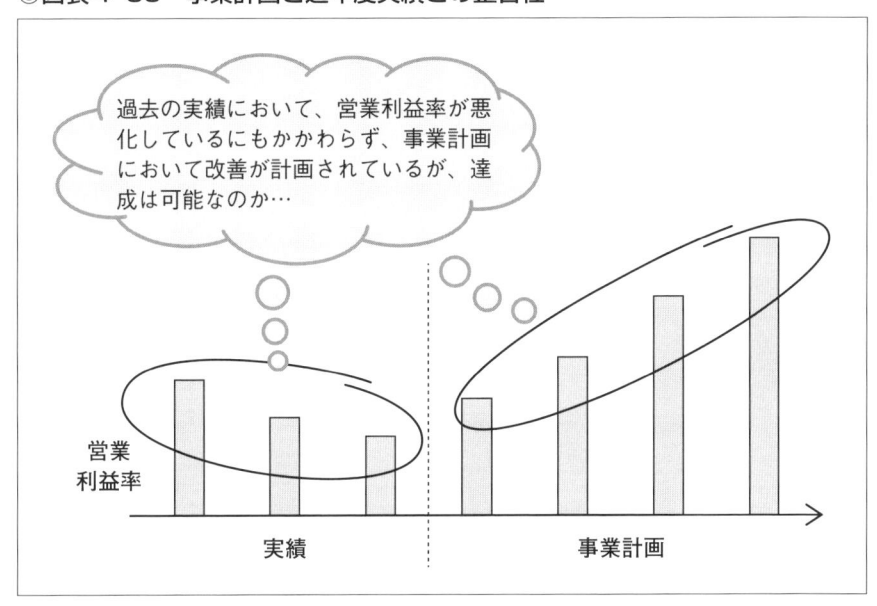

▶事業計画の前提条件と外部環境分析の整合性の確認

　事業計画の前提条件と外部環境の分析結果を比較分析し、事業計画の前提条件として設定された数値の合理性を確認します。

　たとえば、事業計画上、売上高の大幅な増加が見込まれており、その売上高予測の商品別内訳を分析すると、主力商品であるA商品の事業計画期間中における販売数量・販売単価がいずれも大幅に増加・上昇することが見込まれていました。しかしながら、外部環境分析では、A商品の将来需要予測は今後減少し、A商品の競合会社間の価格競争の激化も予測されていました。

　上記のように事業計画の前提条件と外部環境分析とが整合しておらず、矛盾が生じている場合には、その要因の合理性を検討する必要があります。事業計画の前提条件の合理性を確認できない場合には、事業計画の前提条件を実現可能な水準にまで修正し、事業計画を補正する場合があります（図表4-36）。

●図表4-36　事業計画と外部環境分析の整合性

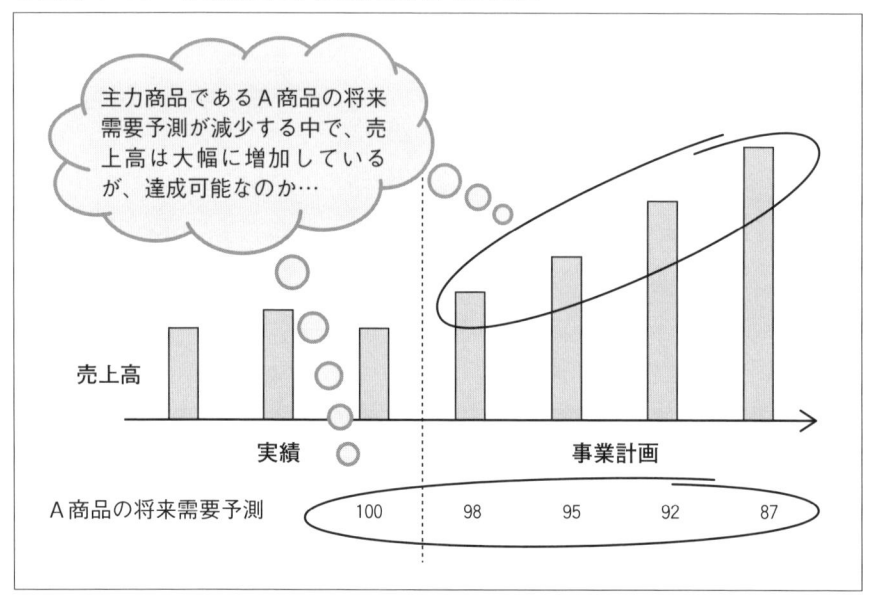

主力商品であるA商品の将来需要予測が減少する中で、売上高は大幅に増加しているが、達成可能なのか…

売上高

実績　事業計画

A商品の将来需要予測　100　98　95　92　87

▶事業計画数値の連動性の確認

　事業計画において本来連動すべき数値が連動していない場合には、その理由を確認する必要があります。

　たとえば、早期退職の募集を予定しており、人件費の減少が予測損益計算書に織り込まれている一方、早期退職に関して見込まれる退職給付の割増加算金が予測損益計算書に織り込まれていない場合には、退職給付の割増加算金の影響を予測損益計算書に織り込む必要があります。

　ほかにも、設備投資計画における設備投資額と予測損益計算書における減価償却費の連動性等、各計画や予測の間の連動性を分析し、必要に応じて事業計画を補正します。

❖予測貸借対照表の分析

▶運転資本の分析

　予測貸借対照表が作成されている場合には、運転資本の回転期間の分析を行うことが考えられます。

　回転期間とは、売掛金等運転資本に係る科目の貸借対照表残高が、売上高等との比較において、何カ月分あるかを示す財務指標です。

　たとえば、売掛金であれば、1カ月当たりの売上高実績に対して、どの程度の売掛金が発生しているかを示すことになります。

　運転資本の回転期間に係る過去実績の推移と、事業計画数値とを比較し、回転期間に大幅な改善が見込まれている場合には、これを裏づける施策等の内容を確認する必要があります（図表4-37）。

　予測貸借対照表が作成されていない場合には、FCFの算定上、運転資本の増減を予測する必要があります。その場合には、運転資本の回転期間に係る直近実績等を基礎として、運転資本の将来残高を予想することが考えられます。このとき、業種によっては運転資本が季節的要因の影響等を受けて変動する場合がありますので注意が必要です。

　たとえば、図表4-38のように売上高が1～3月に集中する季節変動のある会社において、9月末実績の運転資本の回転期間を用いて、決算日であ

●図表4-37　運転資本回転期間の分析

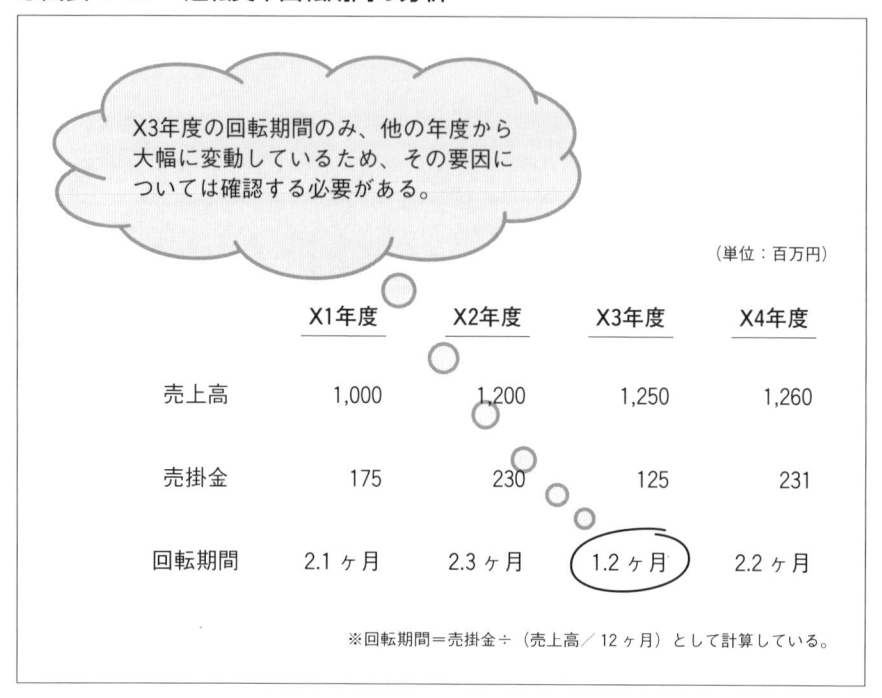

> X3年度の回転期間のみ、他の年度から大幅に変動しているため、その要因については確認する必要がある。

（単位：百万円）

	X1年度	X2年度	X3年度	X4年度
売上高	1,000	1,200	1,250	1,260
売掛金	175	230	125	231
回転期間	2.1ヶ月	2.3ヶ月	1.2ヶ月	2.2ヶ月

※回転期間＝売掛金÷（売上高／12ヶ月）として計算している。

る3月末の運転資本残高を予測する場合には、運転資本残高を過小に予測してしまう可能性があります。

このため、過去の運転資本の回転期間の推移等を分析し、どの時点の回転期間を用いて将来の運転資本残高を予測すべきかを検討する必要があります。

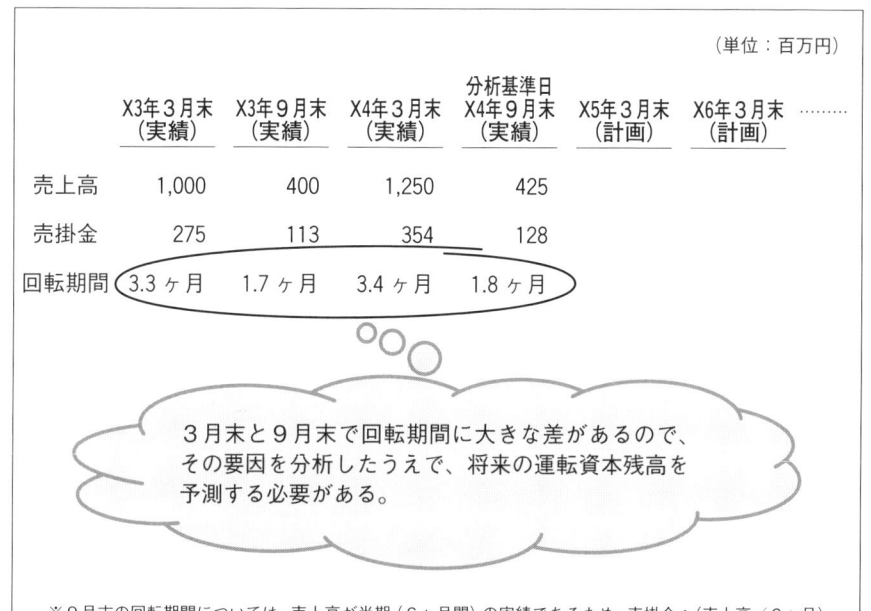

●図表4-38　運転資本の季節変動の分析

(単位：百万円)

	X3年3月末 （実績）	X3年9月末 （実績）	X4年3月末 （実績）	分析基準日 X4年9月末 （実績）	X5年3月末 （計画）	X6年3月末 （計画）	………
売上高	1,000	400	1,250	425			
売掛金	275	113	354	128			
回転期間	3.3ヶ月	1.7ヶ月	3.4ヶ月	1.8ヶ月			

3月末と9月末で回転期間に大きな差があるので、その要因を分析したうえで、将来の運転資本残高を予測する必要がある。

※9月末の回転期間については、売上高が半期（6ヶ月間）の実績であるため、売掛金÷（売上高／6ヶ月）として計算している。

6 残存価値のその他の算定方法

解散・清算や売却が予想される場合の残存価値の求め方

　残存価値の算定方法として既に解説したPA法は、評価対象企業が事業を永続することを前提とした残存価値の算定方法です。評価対象企業あるいはその事業が数年後に解散・清算したり、売却されることが予定されている場合、PA法以外の手法により残存価値を算定することが適当な場合があります。

❖ 解散・清算が予定されるとき──清算価値法

　数年後に解散あるいは事業の清算等が予定されている企業については、PA法に基づく価値ではなく、残存価値として清算価値を用いることが合理的な場合があります。たとえば、埋蔵量に限りがある天然資源の企業や、技術革新や生産拠点の移転の影響により近い将来事業撤退が確実な事業はこのケースにあたります。

　こうした場合には、保有する資産の正味処分価額から債権者に対する支払いや清算に係る費用等を控除して清算価値を算定します。

❖ 売却が予定されるとき──株価倍率法

　数年後に評価対象企業の売却を想定している場合には、PA法ではなく、株価倍率法を用いて算定する売却価値を残存価値として用いることがあります。たとえば、事業計画期間最終年度のEBITDAに、上場している類似企業のEBITDA倍率を乗じることで残存価値を算定します（**図表4-39**）。

●図表4-39 株価倍率法による残存価値の算定

(単位：百万円、%)	2011年度(計画)	2012年度(計画)	2013年度(計画)		2014年度以降(予想)
営業利益	1,400	1,700	2,100		
受取配当金	70	70	70		
EBIT	1,470	1,770	2,170		2,170
法人税等	(588)	(708)	(868)	減価償却費	2,500
EBIAT	882	1,062	1,302	EBITDA	4,670
減価償却費	2,000	2,300	2,500	EBITDA倍率	5.3X
設備投資	(2,200)	(2,500)	(2,500)	残存価値	24,751
運転資本の（増）減	(50)	(80)	(120)		
FCF	632	782	1,182		
WACC 6.4%					
現価係数	0.9398	0.8833	0.8302		0.8302
FCFの現在価値	594	691	981		20,548

計画期間のFCFの合計	2,266
残存価値の現在価値	20,548
事業価値	22,814

> 事業計画最終年度のEBITと減価償却費からEBITDAを算定し、類似会社のEBITDA倍率を乗じることで残存価値を算定する。

第4章 インカム・アプローチによる評価と実際

7 割引率算定に関する留意事項

割引率に影響を与えるいくつかの要素に留意することが必要

❖事業価値に影響を与える資本構成

　資本構成（株主資本比率と負債比率）がどのような比率かによって事業価値の評価額が変わるのであれば、それは評価上非常に重要な論点となります。ここでは、資本構成が、WACCを割引率として用いる場合に与える影響と事業価値との関係について考えてみましょう。

　まず、資本構成を変化させた場合にWACCがどのように変化するかを考えてみます。たとえば、負債比率が0％の企業が負債比率を上昇させていく場合、負債比率の上昇に伴いWACCは低下します。これは、負債比率の増加に伴い、株主資本コストの算定要素であるレバードベータの水準と、借入利率は上昇しますが、他方、負債コストの節税効果がレバードベータと借入利率の上昇を上回ることによるものです。

　ただし、負債比率が上昇し続けると、ある比率を境としてレバードベータの上昇と借入利率の上昇が、負債コストの節税効果を上回るため、WACCは反転上昇していくことになります。これは、負債比率が高すぎると企業の債務不履行リスクが高くなり、その結果、レバードベータと借入利率の上昇が、負債の節税効果を上回ってしまうことを表しています（図表4-40）。

　以上から、資本構成の変化に伴いWACCは変動するため、WACCを最小化する最適資本構成が存在すると考えられています。

● 図表4-40　資本構成とWACCならびに事業価値の関係

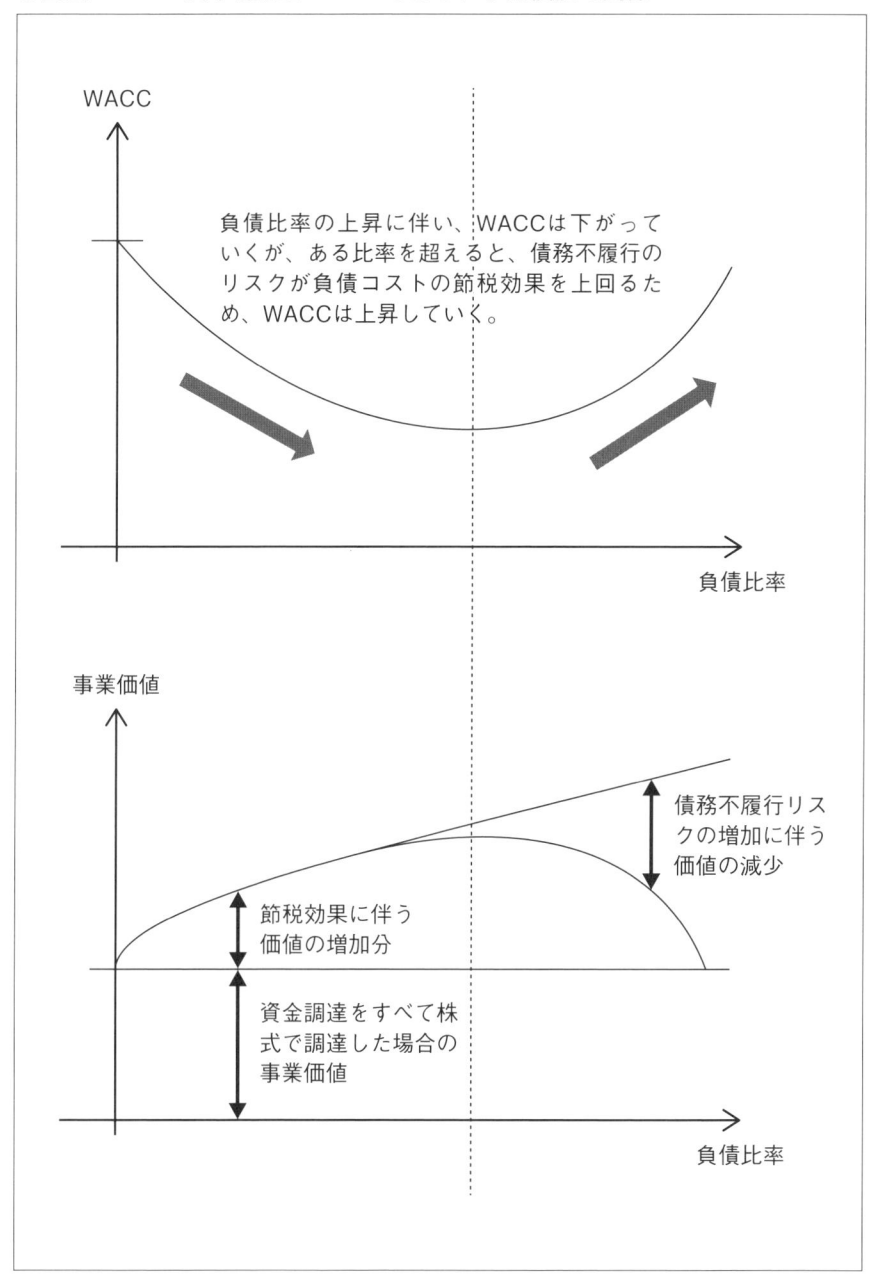

WACC

負債比率の上昇に伴い、WACCは下がっていくが、ある比率を超えると、債務不履行のリスクが負債コストの節税効果を上回るため、WACCは上昇していく。

負債比率

事業価値

債務不履行リスクの増加に伴う価値の減少

節税効果に伴う価値の増加分

資金調達をすべて株式で調達した場合の事業価値

負債比率

これまで述べてきたことは、資本構成の変化がFCFに影響を与えないことを前提としています。資本構成の変化がFCFに影響を与える場合としては、負債比率の上昇に伴い債務不履行リスクが高くなる状況下で想定される顧客離れによる売上高の減少や、仕入先への支払条件の変更（たとえば、掛け払いから現金決済への変更に伴う運転資金の悪化）等が考えられます。

❖業種によって異なるベータ値

図表4-41は、東京証券取引所に上場している企業の業種別のレバードベータの平均値を集計したものです。業界によって、レバードベータの平均値が大きく異なることがわかります。

ベータ値が高い業種としては、金融業や不動産業等景気変動の影響をより大きく受ける業種が含まれています。

逆に、ベータ値が低い業種としては、医薬品や食料品等の生活必需品業種、電気・ガス・陸運等の社会インフラ関連業種等が含まれます。これは、景気低迷時でも生活必需品や社会インフラに対しては安定した需要が存在し、企業業績も比較的安定しているためと考えられます。

❖国によって異なるリスクフリーレートと
　エクイティ・リスクプレミアム

図表4-42と図表4-43は、各国のリスクフリーレートの推移とエクイティ・リスクプレミアムの水準を示しています。

図表から、株主資本コストを構成するリスクフリーレートとエクイティ・リスクプレミアムが、国によって異なることがわかります。

そのため、海外企業の株主資本価値を算定する場合には、評価対象企業が属する国のリスクフリーレートとエクイティ・リスクプレミアムを調査分析することが必要になります。

●図表4-41　業種別ベータ値

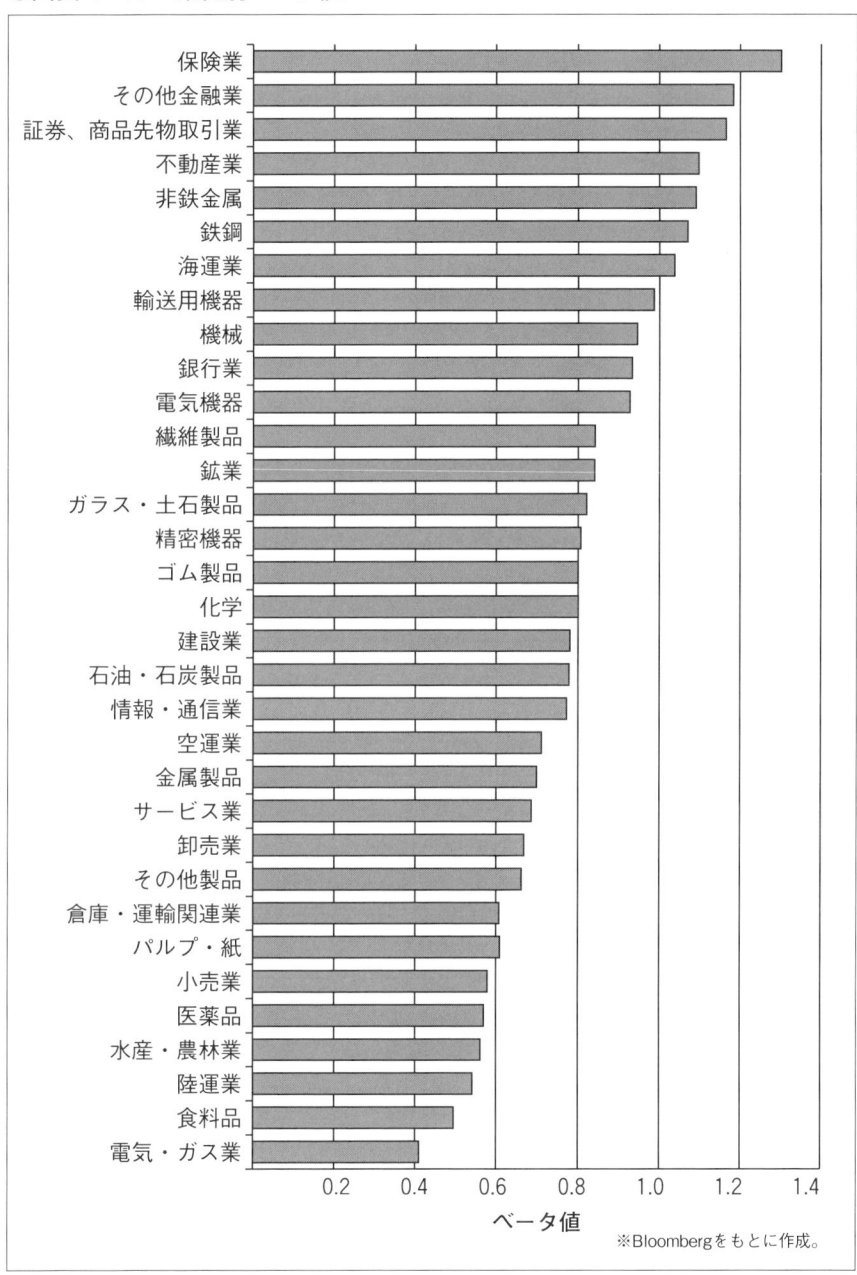

業種	ベータ値
保険業	1.33
その他金融業	1.20
証券、商品先物取引業	1.19
不動産業	1.12
非鉄金属	1.11
鉄鋼	1.09
海運業	1.05
輸送用機器	1.00
機械	0.96
銀行業	0.95
電気機器	0.94
繊維製品	0.86
鉱業	0.85
ガラス・土石製品	0.83
精密機器	0.82
ゴム製品	0.82
化学	0.81
建設業	0.79
石油・石炭製品	0.79
情報・通信業	0.78
空運業	0.72
金属製品	0.71
サービス業	0.70
卸売業	0.68
その他製品	0.67
倉庫・運輸関連業	0.62
パルプ・紙	0.62
小売業	0.58
医薬品	0.58
水産・農林業	0.57
陸運業	0.54
食料品	0.49
電気・ガス業	0.41

※Bloombergをもとに作成。

◉図表4-42　各国のリスクフリーレート（10年物国債利回り）の推移

14
12
10
8
6
4
2
0
リスクフリーレート（%）
日本
米国
イギリス
ドイツ
中国
1990
1995
2000
2005
2010
（年）

※Bloombergをもとに作成。

◉図表4-43　各国のエクイティ・リスクプレミアム

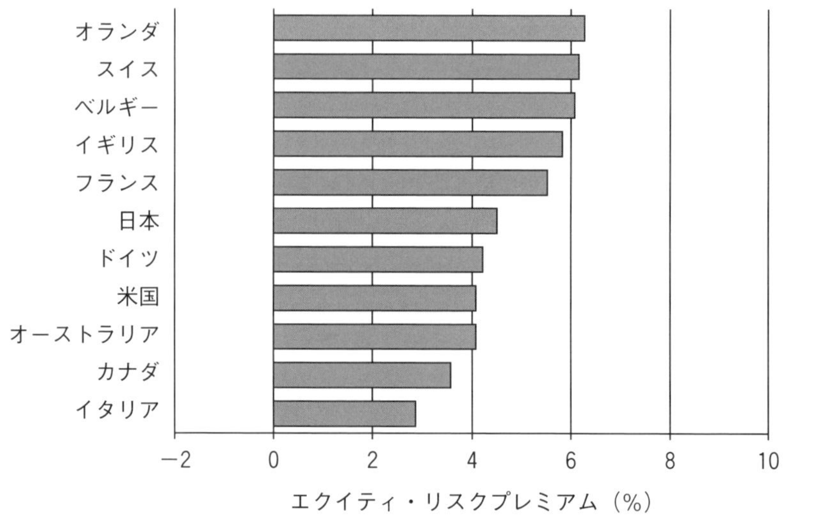

オランダ
スイス
ベルギー
イギリス
フランス
日本
ドイツ
米国
オーストラリア
カナダ
イタリア
−2
0
2
4
6
8
10
エクイティ・リスクプレミアム（%）

※Morningstar, inc. のInternational Equity Risk Premia Report 2010より抜粋。

8 インカム・アプローチでの支配権プレミアム・非流動性割引

DCF法で算定された価値は支配権プレミアムを含んでいる

❖手法によって株主資本価値の考え方は異なる

　インカムアプローチにおいて、DCF法、DDM法および収益還元法に基づき算定される株主資本価値は、企業が営む事業の価値（事業価値）や、企業が保有する非事業用資産、有利子負債等のすべてを考慮することで算定されます。

　そのため、これらの手法に基づき算定される株主資本価値は、会社全体のキャッシュ・フローならびに非事業用資産の処分権を有する者にとっての価値を前提とするものです。すなわち、これは経営権を有する者にとっての価値を意味し、支配権プレミアムが含まれた価値と考えられます。

　仮に、評価対象がマイノリティの持分である場合（たとえば10％持分の買取り）、DCF法で算定された価値については、**マイノリティ・ディスカウント**（支配権プレミアムを含まない価値を算定するための割引）を考慮する必要があります。DCF法で算定される価値は、経営に対する支配権を有することが前提となっているので、マイノリティの持分を評価する場合には、その分、割引が必要になるということです。

　また、評価対象が、マイノリティの持分でかつ非上場の株式である場合には、マイノリティ・ディスカウントに加え、非流動性割引を追加的に考慮する場合があります。

　一方で、非上場企業の株式価値評価であっても、経営を支配するに足る持分を評価対象とする場合は、非流動性割引を考慮しない場合もあります。これは、支配権を有する持分については、対象企業の経営に関与することによって、株主は投資回収（配当等）を自由にコントロールすることがで

き、対象会社の生むキャッシュ・フローへのアクセスが可能であるため、あえて非流動性割引を考慮する必要まではない、とする考え方に基づいています。

　支配権プレミアムと非流動性割引については、議決権比率、評価対象企業の経営に対する支配力・影響力等を考慮のうえ、その適否につき総合的に判断することが必要です。

第5章

コスト・アプローチによる評価と実際

1 修正純資産法による評価(1)
——修正純資産法とは

時価と簿価の差額が重要な項目について、時価で評価する

❖時価純資産法と修正純資産法の違い

コスト・アプローチに含まれる評価手法としては、**簿価純資産法**と、**時価純資産法**ないしは**修正純資産法**の2つがあります。ただし、簿価純資産というのは、単に評価対象企業の一時点における貸借対照表上の純資産額を示す数値であり、特段、分析を加えたものではありませんので、評価手法と呼ぶには語弊があります。よって、コスト・アプローチにおける代表的な評価手法は、時価純資産法ないしは修正純資産法ということができます。

時価純資産法と修正純資産法、それぞれの手法に関する厳密な定義は存在しません。一般的には、評価対象となる企業または事業の資産・負債のすべてを時価に置き換えて純資産を評価する手法を時価純資産法、時価と簿価の差額が重要な項目のみ時価に置き換えて評価する手法を修正純資産法と整理する場合があるようです。

ただ、企業が抱える多くの資産・負債のすべてをもれなく時価で評価することはそもそも困難かつ非効率ですので、実務においては、厳密な意味での時価純資産法を実施できるケースは少なく、時価純資産法と修正純資産法をほぼ同様に扱うことが一般的です。そうした観点から、本章では修正純資産法の概要を説明することとします。

▶時価には原則として再調達原価を用いる

さて、「時価」に置き換える、というときの時価には大きく分けて2つの考え方があります。1つは再調達原価、もう1つは正味売却価額(すな

わち処分価額）です。継続企業の概念に基づく企業価値評価で修正純資産法を用いる際は、原則として**再調達原価**を用いることが合目的です。

たとえばM&Aのケースを考えると、買い手は、ある企業の買収価格を検討するに当たり、仮に自社で同様の事業をゼロからスタートさせる場合のコストを上回っては値付けをしません。なぜなら、M&Aで時間を買うという側面と、のれんや知的財産などの無形資産を買うという側面を除けば、わざわざ自前で事業を行うためのコストを上回って、M&Aの投資を行う合理性がないからです。

ただし、評価対象企業が、事業の継続に直接的には必要のない資産や負債（すなわち非事業用資産および負債）を有している場合、それらは正味売却価額で評価するほうが実態に即した評価になるものと考えられます。

※再調達原価：対象資産を評価基準日において再調達すると想定した場合におけるコストの総額。

●図表5-1　修正純資産法の貸借対照表

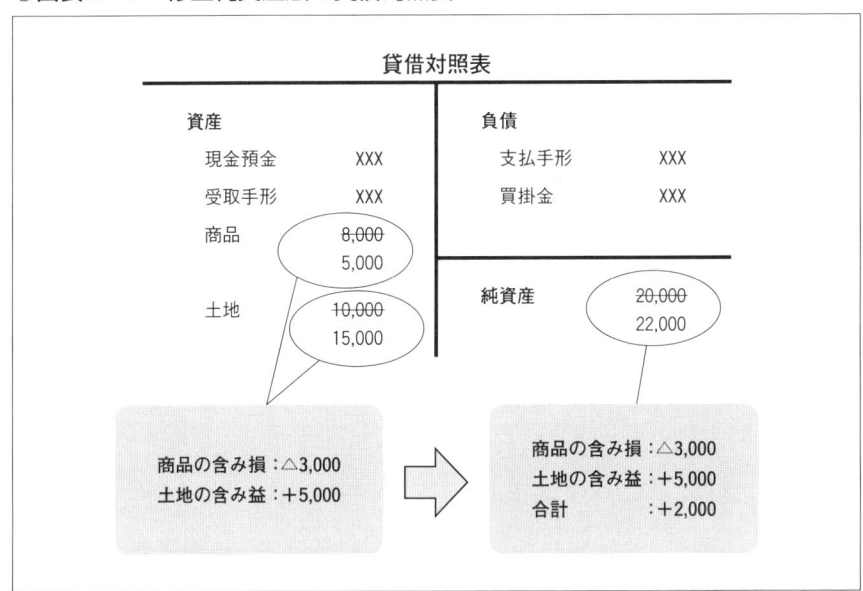

貸借対照表

資産		負債	
現金預金	XXX	支払手形	XXX
受取手形	XXX	買掛金	XXX
商品	~~8,000~~ 5,000		
		純資産	~~20,000~~ 22,000
土地	~~10,000~~ 15,000		

商品の含み損：△3,000
土地の含み益：＋5,000

⇒

商品の含み損：△3,000
土地の含み益：＋5,000
合計　　　　：＋2,000

注）上記の例では簡略化のために、税効果を考慮していない。

② 修正純資産法による評価(2)
——時価修正すべき資産・負債

主要な資産・負債について時価を入手し、含み損益を把握する

　修正純資産法では、企業の貸借対照表を勘定科目ごとに再調達原価または正味売却価額へ修正していきます。
　実務上の主な修正項目について、資産・負債の項目別に説明していきます。まずは資産側の項目について見ていきます。

▶受取手形および売掛金

　会計上、受取手形および売掛金は回収可能性を考慮し、貸倒引当金が設定されています。したがって、会計上の貸倒引当金の設定が予想される回収可能額と照らし合わせて適当であれば、基本的に修正する必要はありません。しかしながら、貸倒引当金の見積りが楽観的、または長期にわたり回収が滞っている債権がある場合などには、最善の回収可能性の予測に基づき貸倒引当金の追加計上が修正として必要になる場合があります。

▶棚卸資産（製品・商品、仕掛品、原材料他）

　会計上、棚卸資産は取得原価で計上されていますが、平成20年より「棚卸資産の評価に関する会計基準」が導入されたことにより、期末に取得原価が正味売却価額または再調達原価を下回っている場合は、正味売却価額または再調達原価で計上されています。また、取引所で取引されている商品（たとえば、金、プラチナ、小麦、鉄スクラップのようなコモディティ）は会計上、時価で評価される場合もあります。
　したがって、適切に会計処理されている場合には、基本的に大きな修正は発生しないものと考えられます。ただし、低価法適用には判断や見積りを伴うことが多いので、評価の過程で棚卸資産の切り下げが不十分と認識

される場合には修正が必要となります。

▶有価証券
　企業が保有している株式や債券等の有価証券は、「金融商品に関する会計基準」等に従って、決算時に保有目的に応じた評価が行われています。よって、期末の時価をもって貸借対照表に計上されている有価証券は簿価を修正する必要はありません。ただし、満期保有目的の債券など一部の有価証券は取得原価を基礎に計上されていますので、時価情報を取得できる場合には時価に修正する必要があります。

▶その他の流動資産
　その他の流動資産には一般的に立替金や前払費用など、雑多な資産が含まれていますが、一般に公正妥当と認められる会計基準に従って計上されている限りにおいて、通常はさほど大きな修正が発生する項目ではありません。なお、未収入金や預け金などの金銭債権は、受取手形および売掛金と同じく、回収可能性を考慮した額で評価する必要があるため、その予測結果によって修正する必要がある場合があります。

▶有形固定資産：不動産
　不動産は、会計上原則として、土地であれば取得原価、建物であれば取得原価から減価償却累計額を控除した価額で貸借対照表に計上されています。不動産については鑑定評価書を取得することにより、客観的な時価が把握可能な場合が多いため、鑑定評価額による時価に修正します。
　なお、鑑定評価書を取得していない場合でも、土地については公示価格や路線価が公表されているため、実務上はこれらの指標を用いて簡便的に評価することもよく行われています。
　建物については、固定資産税評価額を利用することもありますが、貸借対照表に計上されている価額が減価償却により経年劣化を考慮した価値であるとみなして、修正しない場合もあります。この点は建物の状態に応じ

て判断する必要があります。その企業の保有する不動産の重要性を考慮して、鑑定評価書を入手すべきかどうか判断する必要があります。

▶有形固定資産：その他（機械設備、車両、器具備品等）

不動産以外の有形固定資産は、客観的な時価を把握できない場合が多く、鑑定評価書を取得していない建物同様、実務上は簿価を時価とみなして修正しない場合があります。

ただし、事業に使用されていない機械設備等がある場合には、処分価額（正味売却価額）をもって評価することもあります。

▶無形固定資産

無形固定資産も機械設備などと同様に、客観的な時価を把握できないものがほとんどであり、実務上、さほど金額的に重要な無形固定資産がなければ、簿価を時価とみなして修正しない場合があります。この点、別途一定の手法で無形資産の評価を行うかどうかは、その費用対効果や分析に必要な情報の有無を含めて検討する必要があります。

なお、借地権は不動産と同じように鑑定評価が可能であることから、不動産と同様の取扱いになります。

▶投資その他の資産：投資有価証券など

投資有価証券は、先に説明した有価証券と同じく株式や債券である場合が多いため、時価評価されていない株式や債券等の有価証券で、時価情報が入手可能なものについては時価に修正します。

投資有価証券の中には、非上場株式や関係会社株式など、時価評価されておらず、かつ時価がない株式が含まれていることがあります。時価のない株式については、当該株式の評価を行うことが考えられます。また、この評価を簡便化する1つの方法として、その投資先の簿価純資産に持分比率を乗じた純資産持分額を用いて修正する場合があります。

投資には、ゴルフ会員権など株式や債券以外のものも含まれていること

がありますが、時価があるものについては基本的に時価情報を入手して修正します。この点は株式や債券の場合と同様です。

▶投資その他の資産：その他金銭債権等

投資その他の資産には、多くの場合、長期貸付金や敷金保証金などの金銭債権も含まれています。金銭債権は長期性のものであっても、受取手形や売掛金と同じく回収可能性を考慮した額に修正します。

●図表5-2　資産側の修正項目

```
                        貸借対照表（資産側）

  流動資産
    現金預金          XXX  →修正不要
    有価証券          XXX  →時価
    受取手形          XXX ┐
    売掛金            XXX ├→回収可能額
      貸倒引当金      XXX ┘
    棚卸資産          XXX  →在庫としての正味売却価額や再調達原価
    その他の流動資産  XXX  →資産内容に応じて修正
                            （金銭債権は回収可能額）
  固定資産
    建物              XXX ┐
    土地              XXX ├→鑑定評価による時価
    機械設備・車両他  XXX  →実態に照らして帳簿価額で評価または個別評価の要否を検討
    無形固定資産      XXX  → 〃
    投資その他の資産  XXX  →資産内容に応じて修正
                            （投資有価証券は時価、金銭債権は回収可能額）
```

次は負債側の項目について見ていきましょう。

▶支払手形および買掛金、未払金・未払費用等の事業用負債勘定

事業用負債勘定は、通常、支払見込額で貸借対照表に計上されているので、基本的に修正する必要はありません。

▶借入金および社債

企業が資金調達に際して起こした（または発行した）借入金、社債も事

業用負債勘定同様、支払見込額で貸借対照表に計上されていますので、基本的に修正の必要はありません。

　借入金は銀行から見れば金銭債権、社債も社債保有者から見れば有価証券であり、時価が存在するという考え方もあります。企業の業績が悪化し、信用力・債務弁済能力が低下すると、銀行や社債保有者から見た当該企業の借入金・社債の価値は下がり、資金調達した企業の側から見れば借入金や社債の金額は小さくなります。しかしながら、これをそのまま評価に反映すると、企業の信用力が低下した結果、修正純資産の算定上、評価益が発生するという現象が生じてしまいます。

　この現象は「負債のパラドックス」などと呼ばれており、企業価値評価における債務の評価としては受け入れにくいものですので、実務上は借入金および社債について修正を行わないことが一般的です。

▶退職給付に係る負債

　「退職給付に関する会計基準」等が2012年５月に改正され、従来まで負債として認識されていなかった、数理計算上の差異や過去勤務債務といった退職給付に係る未認識債務が、連結貸借対照表においては退職給付に係る負債として認識されることとなりました。ただし、単体財務諸表においては、従前と同様に、退職給付に係る数理計算上の差異等を負債として認識しないことも可能な取扱いとなっています。退職給付に係る数理計算上の差異等が貸借対照表において負債として認識されていない場合には、ある一時点においては隠れ債務ともいえるため、修正純資産法においては、これら隠れ債務を追加の負債として認識する必要があります。

▶その他の引当金や偶発債務

　負債に計上されるべき引当金は、会計基準に定められた引当金の認識要件を満たすものに限定されていますが、修正純資産法においてはそのような要件にとらわれることなく、企業の事業内容や状況を把握し、追加で認識すべき引当金や偶発債務の有無を網羅的に検討する必要があります。

ただし、このような貸借対照表に計上されていない負債を見つけ出すことは容易ではありませんが、評価を実施する過程で追加計上すべき負債がないかどうかなるべく慎重に確認する必要があります。

▶非支配株主持分

貸借対照表が子会社も含めた連結ベースで作成されている場合、子会社に対する持分のうち連結グループ外の株主の持分は、純資産の部において非支配株主持分という科目で表示されています。

評価すべきは評価対象企業の株主の持分相当ですので、非支配株主持分は修正純資産（連結）の算定上、控除する必要があります。非支配株主持分の時価は、その子会社を評価することによって算定することができます。ただし、子会社を評価するためには別途、時間、費用、手続きを要することが考えられるため、影響の重要性を鑑み、その要否について判断することが必要です。重要性が低い場合には、実務上は連結貸借対照表に計上されている金額をそのまま控除することが一般的です。

●図表5-3　負債側の修正項目

```
貸借対照表（負債側）

流動負債
    支払手形            XXX  ┐
    買掛金              XXX  │
    短期借入金           XXX  ├→通常は修正不要
    未払金              XXX  │
    未払費用            XXX  │
    その他の流動資産      XXX  ┘

固定負債
    長期借入金           XXX  ┐→通常は修正不要
    社債                XXX  ┘
    退職給付に係る負債    XXX   →財務諸表上、数理計算上の差異等がオフバランスの
                              ケースでは修正が必要

    偶発債務等           XXX   →必要に応じて追加計上
```

3 修正純資産法による評価(3)
——税効果の取扱い

再調達原価と正味売却価額のどちらを用いるかで取扱いが異なる

　ここでは修正純資産法における税効果の取扱いについて説明します。企業は通常、その所得に対して法人税などの税金を負担します。DCF法では、**EBIAT（金利差引前税引後利益）** を基礎とした事業価値を算定しますので、税金負担を考慮した評価が行われています。では、修正純資産法では税効果はどのように扱われるべきでしょうか。

❖再調達原価による評価では、税効果は考慮しない

　修正純資産法では、資産負債項目の修正に使われる「時価」の概念に、再調達原価を用いるか、正味売却価額を用いるかによって税効果の取扱いが異なってきます。

　再調達原価による評価では、資産、負債を再度調達したらいくらになるか、という「取得」あるいは「購入」の概念に基づく価値で評価します。法人税等の税金負担は、利益に対して課せられるものですので、再調達原価による評価では、税金の負担は通常考慮しません。

　一方、正味売却価額による評価では、資産・負債を今売却したらいくらになるか、という「売却」の概念に基づく価値で評価します。資産や負債の売却損益に法人税等が課せられます（負債の場合、免除損益といったほうが理解しやすいかもしれません）。正味売却価額による含み益があれば、その含み益に税率を乗じた税金負担の額だけ、正味の評価額は目減りします。それに対し、含み損があれば、その含み損に税率を乗じた金額は、別の利益と相殺され税金負担を軽減する効果があるので、その分だけ正味の評価額が引き上げられます。

▶価値評価における税効果とは

　このような税金の負担／軽減の効果は、「**税効果**」と呼ばれており、会計上も考慮されています（税効果会計の適用）。

　なお、含み損に係る税効果（税金の軽減効果）は、その損を活用するための他の利益があることが前提ですので、注意が必要です。会計における税効果会計においても、相殺可能な将来利益の見込まれる範囲内でしか税効果額（繰延税金資産）は計上できません。同様の考え方で、修正純資産法においても、含み損に対する税効果をどこまで考慮できるのか、評価対象企業の収益性や含み益の大きさなどを考慮して判断する必要があります。

　実務上は、評価の対象となる企業が保有する資産・負債の特性や税務ポジションに応じて、税効果を考慮する場合としない場合とがあります。

　継続価値の算定を前提としている以上、将来にわたって事業に供する資産・負債は税効果を考慮せずに再調達原価で評価し、将来売却等を見込んでいるような資産・負債は税効果を考慮したうえで正味売却価額で評価するというのが修正純資産法を用いる際の一般的な取扱いといえます。また、これはDCF法での前提と整合する取扱いということができます。

※税効果会計：法人税等の金額を適切に期間配分することにより、税引前利益と税金費用を合理的に対応させることを目的とする会計基準。

●図表5-4　税効果のイメージ

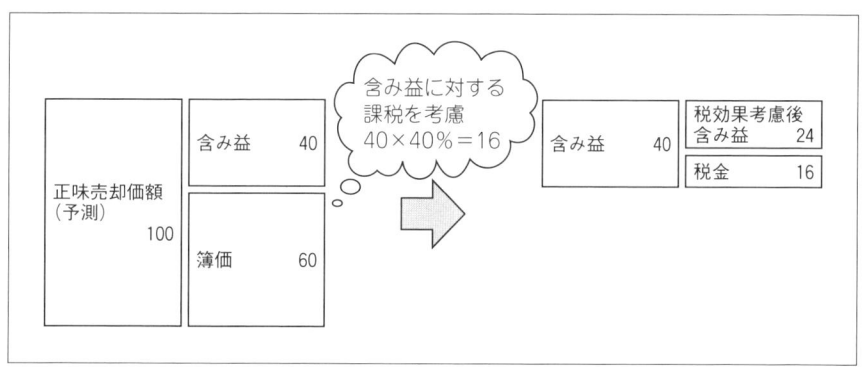

正味売却価額（予測）100	含み益 40		含み益に対する課税を考慮 40×40％＝16		含み益 40	税効果考慮後含み益 24
	簿価 60					税金 16

第5章　コスト・アプローチによる評価と実際

4 修正純資産法による評価(4)
──価値算定プロセスと事例

自動車部品メーカーX社の価値を算定してみると

それでは第3章、第4章と同様に、実際に自動車部品メーカーX社について、修正純資産法による評価の算定を行ってみましょう。

なお、時価は、正味売却価額＝再調達原価であるとします。

[X社の概要]

X社の2011/3期の貸借対照表は、**図表5-5**のとおりです。税率（実効税率）は40％とします。

各資産・負債の調査、分析の結果、以下の事項が判明しました。

- ✓ 土地（工場）の鑑定評価書を取得したところ、200百万円の含み益があった。
- ✓ 投資有価証券をすべて時価評価したところ、系列会社（持株比率10％）への投資（非上場株式）に500百万円の含み損があった。
- ✓ 土地（売却予定の遊休不動産）の鑑定評価書を取得したところ、100百万円の含み損があった。
- ✓ 貸借対照表に計上されていない偶発債務（未確定の損害賠償債務）が500百万円あった。

土地（遊休）は事業に供しておらず、売却が予定されているので、売却時の税金発生（税効果）を考慮する必要があります。さらに偶発債務（損害賠償債務）も損害賠償が確定した場合、税務上の損金になると考えられますので、これについても税効果を考慮する必要があります。一方、土地（工場）、投資有価証券は事業を継続していくうえで必要不可欠な資産であ

●図表5-5　X社貸借対照表（2011/3期）

貸借対照表

(単位：百万円)	2011年3月末 （前期実績）		2011年3月末 （前期実績）
流動資産		**流動負債**	
現預金	2,500	支払手形・買掛金	4,000
有価証券	1,000	短期借入金	500
受取手形・売掛金	5,500	合計	4,500
たな卸資産	2,000		
合計	11,000	**固定負債**	
		長期借入金	4,500
固定資産		合計	4,500
建物	3,000	**負債合計**	9,000
機械装置	4,000		
土地	2,000		
投資有価証券	4,000	**純資産**	
合計	13,000	株主資本	15,000
資産合計	24,000	**負債・純資産合計**	24,000

り、継続的な保有、使用を前提としているので、税効果は考慮する必要はありません。

　土地（遊休）の含み損は100百万円であり、このうち実効税率の40％に相当する部分（100百万円×40％＝40百万円）は法人税等の税金計算上も損金となるため、法人税等の支払いを軽減する効果があります。したがって、税効果を考慮した正味の含み損は、100百万円－40百万円＝60百万円となります。

　偶発債務（損害賠償債務）については、500百万円の支払いの可能性がありますが、このうちの実効税率の40％に相当する部分（200百万円）は、法人税等の税金計算上も損金となるため、法人税等の支払いを軽減する効果があります。したがって、税効果を考慮した正味の負担額は、500百万円－200百万円＝300百万円となります。

　土地（遊休）、偶発債務（損害賠償債務）の税効果を考慮した場合の、修正純資産法による評価は以下のようになります。

■土地、偶発債務の税効果を考慮した修正純資産法による評価額

2011/3期　簿価純資産	15,000百万円
土地（工場）の含み益	＋200百万円
土地（遊休）の含み損	▲60百万円
投資有価証券の含み損	▲500百万円
偶発債務（損害賠償債務）	▲300百万円
修正純資産法による評価額	**14,340百万円**

●図表5-6　X社の修正純資産法による貸借対照表（税効果あり）

修正後貸借対照表

(単位：百万円)	2011年3月末 (前期実績)	含み 損益	修正後 残高		2011年3月末 (前期実績)	含み 損益	修正後 残高
流動資産				**流動負債**			
現預金	2,500		2,500	支払手形・買掛金	4,000		4,000
有価証券	1,000		1,000	短期借入金	500		500
受取手形・売掛金	5,500		5,500	合計	4,500		4,500
たな卸資産	2,000		2,000				
合計	11,000		11,000	**固定負債**			
				長期借入金	4,500		4,500
固定資産				簿外債務		300	300
建物	3,000		3,000	合計	4,500	300	4,800
機械装置	4,000		4,000	**負債合計**	9,000	300	9,300
土地（工場）	1,500	200	1,700				
土地（遊休）	500	(60)	440				
投資有価証券	4,000	(500)	3,500	**純資産**			
合計	13,000	(360)	12,640	株主資本	15,000	(660)	14,340
資産合計	24,000	(360)	23,640	**負債・純資産合計**	24,000	(360)	23,640

5 コスト・アプローチでの支配権プレミアム・非流動性割引

修正純資産法では、支配権プレミアムや非流動性割引は考慮しない

　修正純資産法は、基本的に事業継続に必要な事業用資産・負債を再調達原価で評価し、売却しても事業継続に影響のない非事業用資産・負債を正味売却価額で評価する評価手法です。再調達原価の概念は、資産・負債の取得または購入時の支出額に基づくものであり、経営の支配権の有無によってその水準が変わるものではありません。また、再調達価額はいわゆる入口価格であり、出口価格に関連して考慮される非流動性割引もそぐわないものです。

　したがって、インカム・アプローチやマーケット・アプローチで考慮した支配権プレミアムや非流動性割引の考え方は馴染まないとして、実務では考慮しない場合が多いようです。

6 修正純資産と清算価値

通常、清算価値は修正純資産法による評価額よりも低くなる

❖清算価値は撤退を前提とした場合の「処分価値」

　PBR（株価純資産倍率：株価／1株当たり簿価純資産額）が1倍を下回っている企業については、「事業を継続するより解散したほうがいい」などとよく言われます。これは、企業の簿価純資産＝清算価値という前提のもとに成り立っている理屈です。これまでも説明してきましたが、そもそも企業会計は継続企業の前提にたっており、貸借対照表に計上された資産負債のうち、時価によって評価されていないものが多数存在します。

　では、修正純資産法（あるいは時価純資産法）によって導き出された純資産額は、清算価値と同じなのでしょうか。実際は、そうではありません。清算価値は、企業の活動を停止し、実際に資産を売却・換金処分し、債務を返済した後に残る残余価値です。確かに修正純資産（あるいは時価純資産）も、資産の時価から負債の時価を差し引いたものではありますが、清算価値の算定における資産・負債の価額は、時価ではなく事業からの撤退を前提とした際の「**処分価値**」であり、また、会社清算には種々のコストが伴うことから、清算価値は大きく下方に修正されます。

　修正純資産（あるいは時価純資産）との具体的な違いは以下のとおりです。

▶実際の処分価値＜再調達原価

　修正純資産法では、企業の保有する機械などの有形資産を再調達原価で評価（または簡便的に帳簿価額で評価）しますが、自動車のように中古市場が発達しているものでないかぎり、売却処分による換金は不可能と考え

られるものもあります。機械などはその企業のために特別な仕様で製造されて、他の企業での使用が困難なものも多いでしょう。中古市場があったとしても、いわゆる「二束三文」でしか売却できないことのほうが多いかもしれません。

　また、経過勘定（前払費用など）などの会計上の資産も換金価値はなく、ソフトウェアなどの無形固定資産も例外的な場合を除き換金できるものではないと考えられます。したがって、実際は処分価値がゼロか、再調達原価などを大きく下回ることになるものと考えられます。

▶不動産の評価も早期の売却を前提

　取引市場が発達している不動産（土地や建物）も、鑑定評価額などで示される時価で売却できるとはかぎりません。売却先を早期に探さなければならない状況下においては、通常の期間より短い期間で売却され、その価格は通常の売却価額と比べて低くなると考えられます。

　不動産鑑定評価の実務においては、早期売却に伴う減価として正常価格（不動産鑑定評価における公正価値と似た概念の価格）の30％前後を見込むことが多いようです。

▶清算に伴うコストの発生

　企業活動の停止や清算手続きには、種々の追加的コストの発生が考えられます。たとえば、従業員の解雇に伴い、割増退職金の支払いを行わざるを得なくなり、会計上の退職給付に係る負債を超える支払いが必要になるかもしれません。また、企業は内外でさまざまな契約を結んで取引を行っていますが、突然の取引停止によるペナルティの支払い等も起こり得ます。さらに、清算手続きに関しても弁護士などへの報酬の支払いが発生します。

　こうした清算に伴うコストの発生も、継続企業を前提とした修正純資産や時価純資産からの減額要因となり得ます。

　清算価値は、企業を解体した場合の価値であるため、経営破綻の懸念の

ある会社や現実に経営破綻した会社などにおいて、算定する意義が高まるものと考えられます。

　修正純資産法のみならず、DCF法や株価倍率法など継続企業を前提とした種々の評価結果よりも清算価値のほうが高ければ、清算という選択肢を採ることが経済合理性に合致しますが、そうでない場合は原則として、継続企業の概念のもとで企業価値評価を行うことが通常実務となっています。

●図表5-7　清算価値の算定（例）

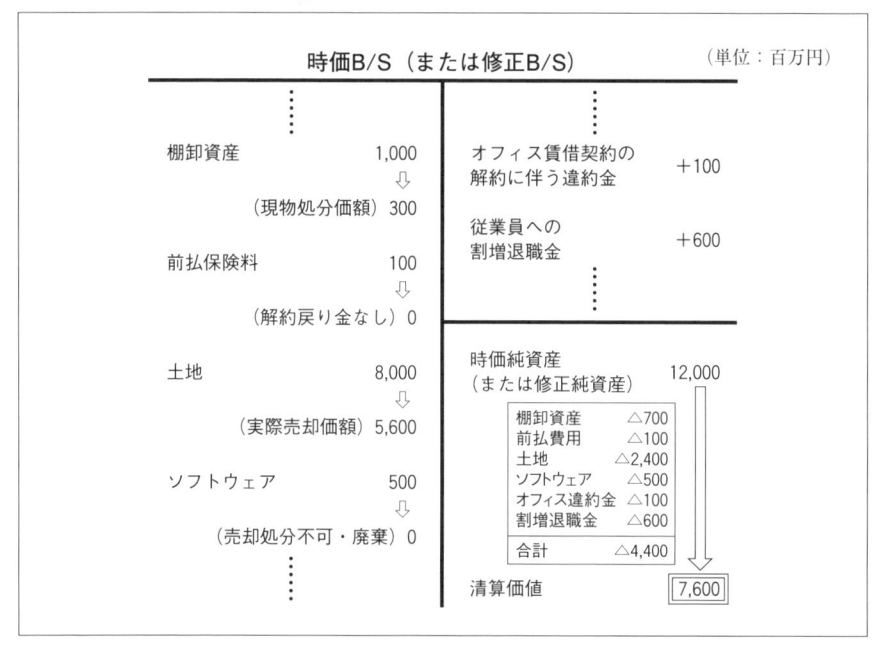

（単位：百万円）

時価B/S（または修正B/S）

借方		貸方	
棚卸資産	1,000	オフィス賃借契約の解約に伴う違約金	+100
（現物処分価額）	300	従業員への割増退職金	+600
前払保険料	100		
（解約戻り金なし）	0		
土地	8,000	時価純資産（または修正純資産）	12,000
（実際売却価額）	5,600		
ソフトウェア	500		
（売却処分不可・廃棄）	0		

棚卸資産	△700
前払費用	△100
土地	△2,400
ソフトウェア	△500
オフィス違約金	△100
割増退職金	△600
合計	△4,400

清算価値　7,600

第6章

価値評価を行うときの留意ポイント

1 各評価手法のメリット、デメリット

的確な評価のできる手法をケース・バイ・ケースで組み合わせて使う

❖どの手法にも長所と短所はある

　ここまで企業価値評価の各手法（主なものとして株式市価法、株価倍率法、類似取引比準法、DCF法、修正純資産法）について説明してきましたが、各手法にはそれぞれ長所・短所があり、一概にどの手法が優れているとはいいがたいところがあります。評価対象となっている企業の事業特性や財産内容、置かれている状況や将来性によってどの評価手法が適しているか、それらを組み合わせてより的確な評価をどう行うか等を判断する必要があります。

　図表6-1では各評価手法の主な長所・短所をまとめています。また以下、各手法の特長と実践にあたっての留意点をまとめておきます。参考にしてください。

▶株式市価法の特長

　株式市価法は、実際の株式市場で売買されている価格（すなわち株価）を基礎とする評価手法ですので、比較的客観性が高い手法であるといえます。

　しかしながら、非上場企業には適用できない手法であり、また上場企業であったとしても、出来高がきわめて少ない上場企業については必ずしも平均株価に基づく評価に客観性があるとはいいがたい場合もあります。

▶株価倍率法・類似取引比準法の特長

　株価倍率法・類似取引比準法は非上場企業にも適用可能であり、また類

●図表6-1　各手法の長所／短所

	マーケット・アプローチ		インカム・アプローチ	コスト・アプローチ
	株式市価法	株価倍率法／類似取引比準法	DCF法	修正純資産法
長所	✓市場取引価格に基づくため客観的 ✓手続きが容易 ✓既存株主（すなわち売主）の持ち値（取得コスト）についてある程度の示唆を得ることができる ✓過去の公表事実と株価の関係を見ることができる	（株価倍率法） ✓市場取引価格に基づく類似企業の株価倍率を参照するため客観的 ✓手続きが比較的容易 ✓M＆A市場の相場観を得るうえで有効 （類似取引比準法） ✓実際の取引事例に基づく取引倍率を参照するため客観的 ✓支配権プレミアムを含む価値を事例と照らし合わせて検討できる	✓ファイナンス理論に基づくため理論的 ✓キャッシュフロー予測を用いるため、会社固有の強みや弱みに基づく成長性等を反映することができる ✓キャッシュフロー予測の分析を伴うため、事業内容の検証との連関性が高い	✓再調達原価の観点から示唆を得ることができる手法 ✓個別資産・負債の分析を伴うため、資産内容の検証と連関性が高い
短所	✓需給関係の偏りや風評などにより市場株価が本源的価値と大きく乖離している場合がある ✓非上場企業には適用できない	（株価倍率法） ✓類似企業の選定において恣意性が入る可能性がある。また評価対象企業特有の強み・弱みについては反映されない （類似取引比準法） ✓類似取引の選定において恣意性が入る可能性がある	✓キャッシュフロー予測、割引率、継続成長率などに関する判断が恣意的になる可能性がある ✓評価モデルの作成は容易だが、本質的な価値検証を行うためには、ある程度の深さの分析が必要	✓のれんや無形資産の価値を含まない評価手法であるため限界がある

似上場企業の株価や過去の実際の取引事例を基礎とする評価手法であるため、比較的客観性の高い手法であるといえます。

しかしながら、株価倍率法では、類似上場企業の選定が必ずしも容易とはかぎりません。そのため、事業領域の類似性のみならず、ビジネスモデル、企業規模、成長ステージ、資本構成など、類似性の判定にあたっては留意が必要です。

また、類似取引比準法では、適切な取引事例の選定が困難な場合が多く、とくにわが国では欧米ほど過去のM&Aデータが整備されておらず、取引事例を入手することすら困難な場合もあります。

▶DCF法の特長

企業を取り巻くステークホルダー(経営者、株主、債権者、取引先、従業員など)は、その企業が将来、どのように成長していくのかに関心をもっています。とくに投資家は、通常その企業の将来性を見込んで投資しており、将来キャッシュ・フローを基礎とするDCF法は、投資家の合理的投資心理と合致した評価手法です。また、その企業に関するリスクも割引率を通じて織り込むことで評価に反映させることができる点も優れています。

しかしながら、将来キャッシュ・フローの予測や予測期間以降の成長率の見積りを正確に行うことは容易ではなく、場合によっては経営者なり投資家なりの恣意性が大きく介入する可能性があります。また割引率も見積りや判断の要素が多分にあるため、その設定には客観性を担保することが重要です。

DCF法は、最も合理的な評価手法といわれていますが、その算定過程において論理性と客観性が相応に担保されていなければならない点について注意が必要です。

▶修正純資産法の特長

修正純資産法は、企業の貸借対照表の純資産を基礎とした評価手法であ

るため、客観性が高い手法であるといえます。以前はわが国でもM&Aにおいて買収企業による被買収企業の簿価引継（持分プーリング法）が広く認められていたこともあり、修正純資産法による評価は多用されてきた歴史があります。

　しかしながら会計上の純資産額は、将来の収益力や成長性、リスク等が反映されず、また現代の企業経営では重要となっている技術や特許、顧客基盤などの無形資産の価値も反映されません。

　修正純資産法では、企業価値の重要な源泉である収益力が評価に反映されないため、不動産会社など保有資産そのものが企業価値の源泉である場合を除き、評価結果は企業価値を適切に表しているとはいえない場合も多いと考えられます。

　※持分プーリング法とパーチェス法：企業結合時に取得企業を決定せずに、対象企業の資産および負債を帳簿価額で引き継ぐ会計処理を持分プーリング法という。これに対し、企業結合時に取得企業を決定し、被取得企業の資産および負債を時価で引き継ぎ、のれんを計上する会計処理をパーチェス法という。
　　持分プーリング法による会計処理は日本の会計基準と国際的な会計基準との差異を象徴する存在として取り上げられてきたこともあり、現在は、持分プーリング法による会計処理は廃止されている。

2 評価結果に関する総合判断

インカム、マーケット、コストのすべての側面から総合的に判断する

❖多面的な観点からの価値分析が必要

　企業価値評価の各手法を説明してきましたが、同じ企業の価値でも、手法が違えば評価結果も異なるのが通常です。
　では最終的には、どの評価手法に重きを置いて価値を決定すればいいのでしょうか。
　実務においては、なるべくすべての価値側面（すなわちインカム［収益］、マーケット［市場・相場］、コスト［原価］）を考慮したうえで、その評価結果を総合的に勘案して価値に関する最終判断を行うのが原則です。
　それは、企業そのものが非常に多面的な存在であり、その評価において「1つの真理」は存在しないことによります。むしろ、多面的な観点から価値分析を行い、それらの結果を考慮する過程で総合的な判断に基づき最終的な価値評価を決定することがより評価対象企業の実態に即した評価を行うことにつながり、現実的なプロセスということができます。
　図表6-2は、評価結果に関する総合判断の1つの事例です。ここでは、評価対象企業の評価はインカム・アプローチ、マーケット・アプローチ、コスト・アプローチの3つの手法で行い、加えて清算価値の試算も行ったこととします。

●図表6-2　評価結果に関する総合判断のイメージ

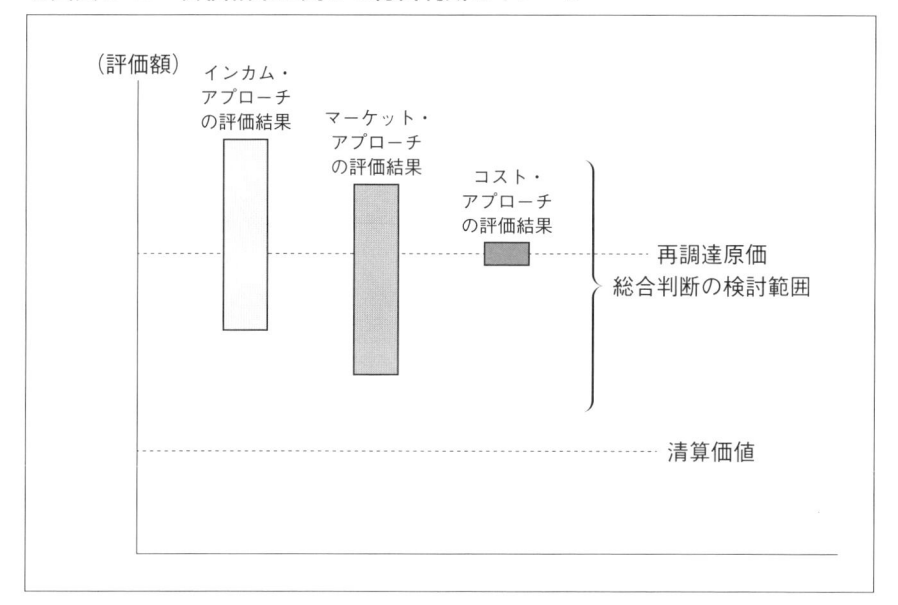

(評価額)
- インカム・アプローチの評価結果
- マーケット・アプローチの評価結果
- コスト・アプローチの評価結果
- 再調達原価
- 総合判断の検討範囲
- 清算価値

❖再調達原価と清算価値の考え方

▶再調達原価に含まれる見えない価値

　まず、再調達原価と清算価値に着目したいと思います。再調達原価は、買主が評価対象企業と同様の事業を自らグリーンフィールドで立ち上げる場合に負担すると考えられる理論値です。本来買主は、この再調達原価を大幅に超える金額で評価対象企業を評価することは困難です。なぜなら、評価対象企業の価値が再調達原価を大幅に超えていれば、買収するよりも自ら事業を立ち上げたほうが安上がりだと考えるからです。

　ただし、変化が急速な現代のグローバル経済においては、M&Aによって**時間を買う**という意味合いが高まっています。また既存の事業にはノウハウやその他の知的財産が含まれていますので、新規の事業展開では得られない何かを評価対象企業がすでにもち合わせている可能性も否定できません。

さらにM&Aは、一定の市場シェアを有する既存の企業を買収するわけですから、自ら新規参入して市場シェアの奪い合いをするグリーンフィールド戦略のマイナス面を伴わないものということができます。M&Aでは敵を味方にすることができ、その価値も少ないとはいえません。

　これらの時間、ノウハウや知的財産、市場シェアなどを買うという観点から、M&Aと新規事業展開との間には大きな差が存在します。よって、総合判断においては、コスト・アプローチに基づく再調達原価を評価額の上限の目安の1つとしてとらえつつも、他の評価結果と照らし合わせて検討することが重要となります。

※グリーンフィールド：法人を新しく設立して、設備や従業員の確保等、事業を展開するための経営資源の確保を一から自社で行う投資の手法。

▶清算に伴うマイナスイメージ

　次に清算価値については、売主にとっての価値の下限の目安として位置づけることができます。売主としては、企業を清算した場合に得られる価値を下回ってまで売却に応じることは合理的ではないと考えられるからです。

　ただし、企業を清算することには、雇用が失われること、企業のイメージやレピュテーションが低下すること等のマイナスの影響を伴う場合があります。その影響を避けるために、清算価値を下回る価格で売主が取引に応じる場合もないとはいえません。よって、清算価値は評価額の下限の目安の1つしてとらえつつ、他の評価結果と照らし合わせて検討することが重要です。

❖インカム・アプローチとマーケット・アプローチの評価結果の位置づけ

▶知りうる情報の範囲と評価

　今日のM&A取引においては、評価対象企業や事業の価値をインカム・アプローチではDCF法と、マーケット・アプローチでは株式市価法また

は株価倍率法を用いて評価するのが一般的です。

　DCF法では、一般的にマネジメントの考える将来の事業成長戦略や施策が事業計画に織り込まれますので、その戦略や施策等の価値が評価に反映されます。一方、株式市価法では、戦略や施策の価値は、一般投資家やアナリストに対して開示されている情報の範囲において反映されているということができ、その情報開示範囲は、マネジメントの知る情報範囲を下回る可能性があります。

　よって、仮にDCF法の評価結果が株式市価法の評価結果を上回っている場合は、その要因の1つはこの情報開示範囲の差による可能性もあります。

　また、株価倍率法については、類似企業の株価倍率を用いることから、評価対象企業固有の強みや弱みが評価結果に反映されない可能性があります。たとえば、評価対象企業が類似企業を上回る事業成長性を将来にわたって実現すると考えられている場合、その成長性はDCF法に用いる事業計画には反映されているかもしれませんが、類似企業の株価倍率には反映されていません。よって、その差異が評価結果に影響を与える場合があります。

　評価結果の判断においては、こうした評価手法毎の長所・短所を考慮のうえ、最終的な評価値を決定する必要があります。

第7章

無形資産価値の評価と実際

1 無形資産とは何か

事業価値を引き上げるうえで無視できない要素

　近年、企業経営における**無形資産価値**の創造ならびに向上の重要性が認識されるようになりました。薄型テレビ、**携帯電話**（スマートフォン）、PC・IT機器、これらは一時期日本の企業が国内外で高い市場地位を築きながら、その後製品の機能性とブランドの構築力を背景に韓国や欧州、米国の企業に逆転を許した分野です。

　今後、日本企業がより成長性の高い新興国市場で戦っていくためには、製品付加価値を上げるための技術（特許やノウハウ）、ブランド、現地市場における販売先や仕入先との関係等、さまざまな無形の資産を創造していくことが不可欠です。これらは、目に見えるわけではありませんが、事業価値を引き上げるうえで無視できない要素であり、まさに無形資産の代表例といえるものです。

　詳細には入りませんが、本章では近年企業の経営戦略においても重要性を増してきており、かつ本書の本題である企業価値評価とも密接に関係する無形資産の価値評価について概略を解説します。

❖無形資産の定義とは

　国際評価基準委員会（IVSC: International Valuation Standards Committee）が策定している国際評価基準（IVS: International Valuation Standards）によると、無形資産とは、「その経済的特性によって現れる非貨幣性資産であり、物質的実体はもたず、その所有者に権利と特典を与え、通常その所有者の為に収入を創出するもの」とされています。

　また、国際財務報告基準（IFRS）においては、より簡潔に、無形資産とは「物質的実体のない識別可能な非貨幣性資産」とされています。非貨

幣性資産というのは、売掛金や貸付金等の貨幣性資産ではないという意味です。

❖無形資産と認められるもの、認められないものとは

図表7-1は、企業において一般的に見られる無形資産の例です。

◉図表7-1　無形資産の例

- 技術に基づく無形資産
    特許技術
    コンピューター・ソフトウェアおよびマスク・マーク
    特許化されていない技術
    データベース
    秘密製法、プロセスおよびレシピなどの営業上の機密
- マーケティング関連無形資産
    商標、商号、サービスマーク、団体マークおよび認証マーク
    トレードベース（独特な色彩、形またはパッケージ・デザイン）
    新聞マストヘッド
    インターネットのドメイン名
    非競合契約
- 顧客関連無形資産
    顧客リスト
    注文または製品受注残高
    顧客契約および関連する顧客関係
    契約に基づかない顧客関係
- 契約に基づく無形資産
    使用許諾、ロイヤルティおよび使用禁止契約
    広告、建設、マネジメント、サービスまたは供給に関する契約
    リース契約
    建設許可
    フランチャイズ契約
    営業および放送権
    住宅ローン貸付管理契約などのサービス契約
    雇用契約
    採掘、水道、材木伐採および通行権などの使用権
- 芸術関連無形資産
    演劇、オペラおよびバレエ
    書籍、雑誌、新聞およびその他の文学作品
    作曲、作詞、およびCMソングなどの音楽作品
    絵画および写真
- 映画またはフィルム、音楽テープおよびテレビ番組を含むビデオおよび視聴覚データ

また、**図表7-2**には、通常、会計基準等の議論の中では無形資産とはされないものを例として示しました。

●図表7-2　無形資産とは認識されないものの例

- **人材関連無形資産**
  　　訓練され、集められた従業員
  　　顧客サービス能力
  　　組合契約もしくは、非組合状況を含む、労働者との関係
  　　継続して行われる研修プログラム、または、採用プログラム
- **戦略関連もしくは企業関連**
  　　知的資本
  　　組織的なインフラ
  　　ネットワークシナジー
  　　成長機会
  　　確認できない飛び込みの客
  　　ある市場・地域において影響力のある存在であること
  　　信用格付けおよび、資本市場からの資本調達力
  　　良好な政府との関係

2 なぜ、無形資産価値の評価が必要なのか

M&A等、主に会計目的で評価が求められる

❖無形資産の評価が必要とされる状況とは

　無形資産価値の重要性が広く認識されるようになった今日では、さまざまな状況においてその価値評価が必要となります。**図表7-3**は無形資産の評価が必要となる状況の例を示したものです。

　これらの中で、近年、企業が無形資産の価値評価を行う最も大きな要因となっているものが、企業がM&A等を行った場合に求められる企業結合会計の基準に則った会計処理（図表7-3では、財務会計目的の事業取得価格の配賦）です。

※企業結合会計：「企業結合」とは、ある企業またはある企業を構成する事業と他の企業または他の企業を構成する事業とが1つの報告単位に統合されることをいう。企業結合会計とは、当該企業結合時に適用される会計基準。

●図表7-3　無形資産の評価が必要となる状況の例

- 財務会計目的の事業取得価格の配賦
- 税務目的の事業取得価格の配賦
- 事業価値の買収前検討
- 無形資産の購入
- 無形資産を担保とする借入れ
- 倒産・企業再生手続き
- 無形資産ライセンス契約における適切なロイヤルティ料率の設定
- 公正な内部取引価格の設定
- タックスプランニング
- 訴訟サポートおよび、紛争解決

❖財務会計目的の事業取得価格の配賦

　会計基準のコンバージェンス（各国の会計基準の収斂）が、国際財務報告基準（IFRS）を中心軸として進む中、世界的に会計基準のいわゆる「時価主義」への転換が進んでいます。企業結合の会計基準においても、たとえばM&Aにおける被取得企業・事業に係る資産・負債を時価ベースに見直す際に、それまで被取得企業・事業の貸借対照表に計上されていなかった無形資産を認識することが求められるようになっています。

　図表7-4は、国際財務報告基準（IFRS）の無形資産の認識基準です。無形資産の経済的便益が契約や他の法的権利に基づくものか、そうでなくても企業や事業から分離可能なものであれば、これを認識することが求められます。

●図表7-4　国際財務報告基準（IFRS）の無形資産認識基準

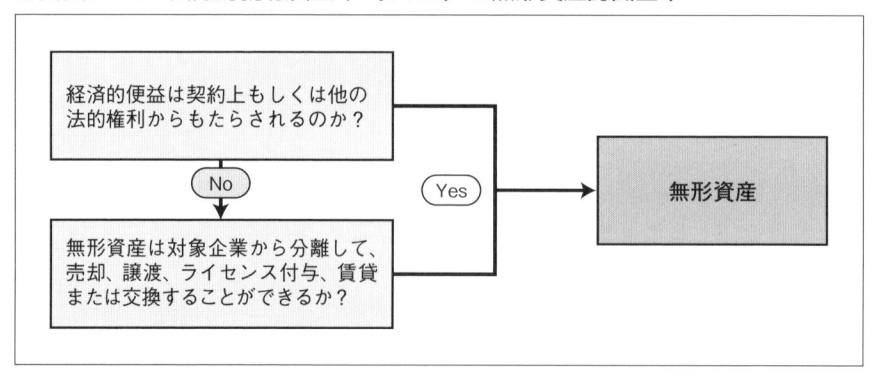

```
┌─────────────────────┐
│ 経済的便益は契約上もしくは他の │
│ 法的権利からもたらされるのか？ │
└─────────────────────┘
           │ No                    Yes    ┌──────────┐
           ▼                       ───→   │ 無形資産  │
┌─────────────────────┐            └──────────┘
│ 無形資産は対象企業から分離して、│
│ 売却、譲渡、ライセンス付与、賃貸│
│ または交換することができるか？ │
└─────────────────────┘
```

❖企業結合会計における処理

　企業結合会計では、まずは、対象企業の取得日における貸借対照表を簿価から時価へ調整することが求められます。ここでは修正純資産法の章（第5章）で説明した評価プロセスとほぼ同様の手続きが採られることとなります。次に、対象企業においては認識されていなかった資産・負債を新た

に認識して評価することとなり、無形資産もこの過程で認識されることになります。対象企業の取得価格から無形資産を含む識別可能資産・負債の認識額を差し引いた金額が、**のれん**として認識されます。

簡単にいえば、企業結合会計に基づく会計処理は、対象企業の取得価格と純資産簿価との差額を、①対象会社で認識済みの資産・負債の評価損益、②新たに認識される無形資産等の資産・負債の時価評価額、③のれん、とに割り付ける作業ということができます。

なお、企業結合会計の処理に用いる無形資産の評価作業は、場合によってはそのプロセスが複雑なものとなり、かつ専門的な知識や経験が必要となるため、ほとんどの場合、企業価値評価や無形資産評価を通常業務とするプロフェッショナルファームに委託されます。多くの場合、大手監査法人や会計事務所の専門部隊、評価の専門機関などがその委託先となります。

●図表7-5　財務会計目的の事業取得価格の配賦のイメージ

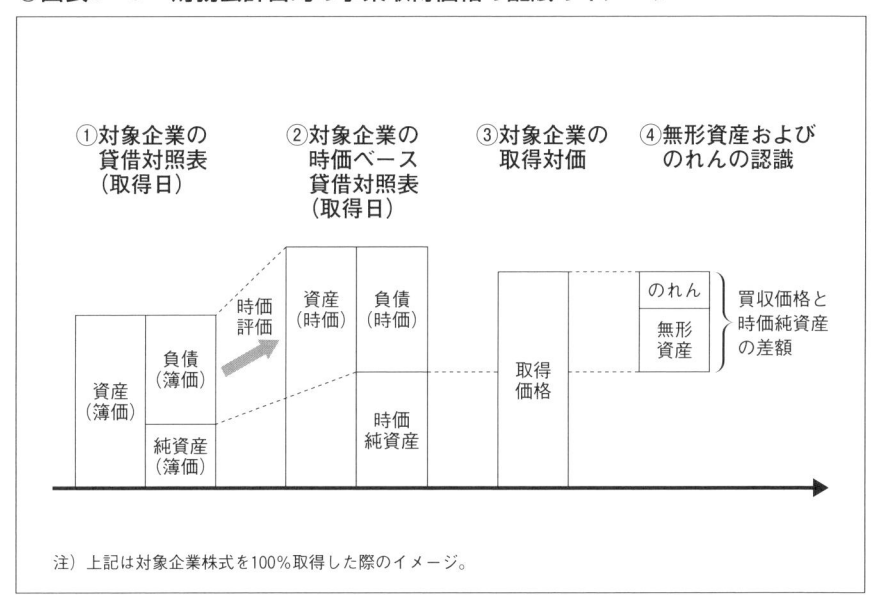

注）上記は対象企業株式を100％取得した際のイメージ。

3 無形資産の評価プロセス

多くの場合、企業価値評価よりも詳細な分析が必要となる

❖無形資産を評価する４つのステップ

　図表7-6は、無形資産の評価プロセスを表したものです。以下、これをもとに解説していきます。

▶⑴事前準備と計画

　「物質的実体のない識別可能な非貨幣性資産」である無形資産の評価を円滑に行うためには、対象企業において、評価プロセス、必要となる情報、抽出される無形資産、評価手法について十分に理解してもらうことが重要です。

　財務会計目的の無形資産評価の場合、最終的に評価結果は取得企業の監査人によるレビューの対象となるため、なるべく早い段階で監査人との間で評価の概要について共通の認識をもっておくことが好ましいと考えられます。

▶⑵データ収集と分析

　対象企業から入手する情報や対象企業とのインタビュー結果、評価依頼企業（対象企業を取得した企業）との打ち合わせ結果、市場データ等を基に、「評価依頼企業はM&Aによってどのような無形資産の取得を目指したのか」「対象会社の強みは何なのか」といった観点から分析を進め、評価すべき無形資産を抽出します。

●図表7-6　無形資産の評価プロセス

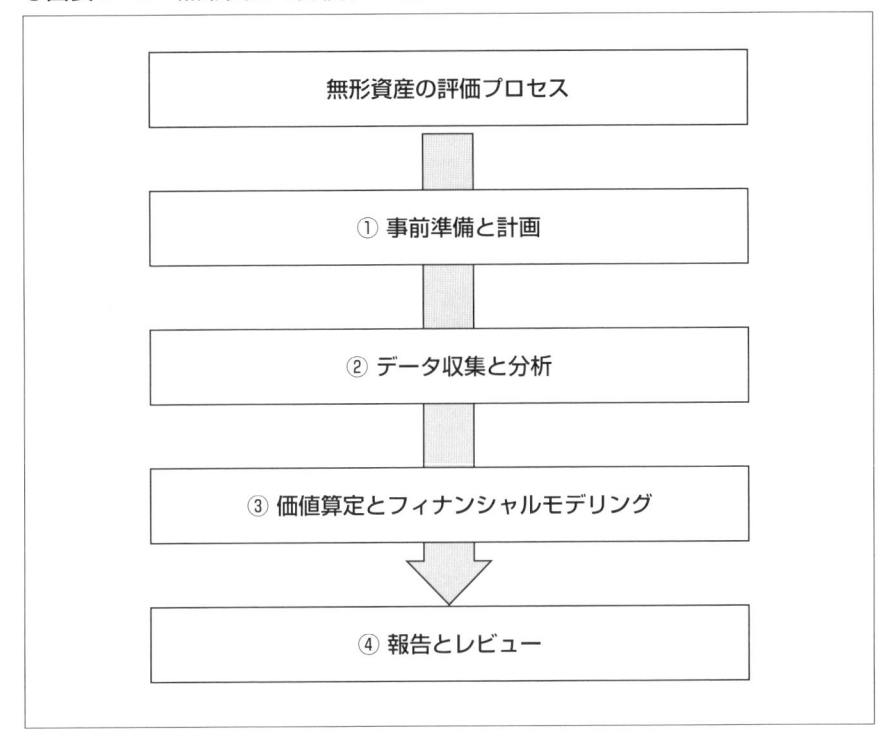

```
┌─────────────────────────┐
│    無形資産の評価プロセス    │
└─────────────────────────┘
             ↓
┌─────────────────────────┐
│    ① 事前準備と計画       │
└─────────────────────────┘
             ↓
┌─────────────────────────┐
│    ② データ収集と分析     │
└─────────────────────────┘
             ↓
┌─────────────────────────┐
│ ③ 価値算定とフィナンシャルモデリング │
└─────────────────────────┘
             ↓
┌─────────────────────────┐
│    ④ 報告とレビュー       │
└─────────────────────────┘
```

▶(3)価値算定とフィナンシャルモデリング

　評価機関は、特定された無形資産を評価するための適切な評価手法を選択し、評価モデルを作成します。無形資産の評価には、評価する無形資産の内容や特性に応じて、企業価値評価と同様に、マーケット・アプローチ、インカム・アプローチ、コスト・アプローチの3つのアプローチが使用されています。これについては次節を参照してください。

▶(4)報告とレビュー

　評価機関は、価値評価結果の報告書を評価依頼企業に提出します。会計目的の無形資産の価値評価の場合、評価報告書は、評価依頼企業の監査人のレビュー後に完成します。

4 無形資産の評価アプローチ

企業価値評価と同様の3つの手法で評価を行う

　無形資産の評価には、評価対象となる無形資産の内容や特性に応じて、企業価値評価と同様に、3つのアプローチが使用されます。すなわち、マーケット・アプローチ、インカム・アプローチ、コスト・アプローチです。

　図表7-7は、これら無形資産の評価アプローチとそれぞれのアプローチに基づく主な評価手法をまとめたものです。

●図表7-7　無形資産の評価アプローチ

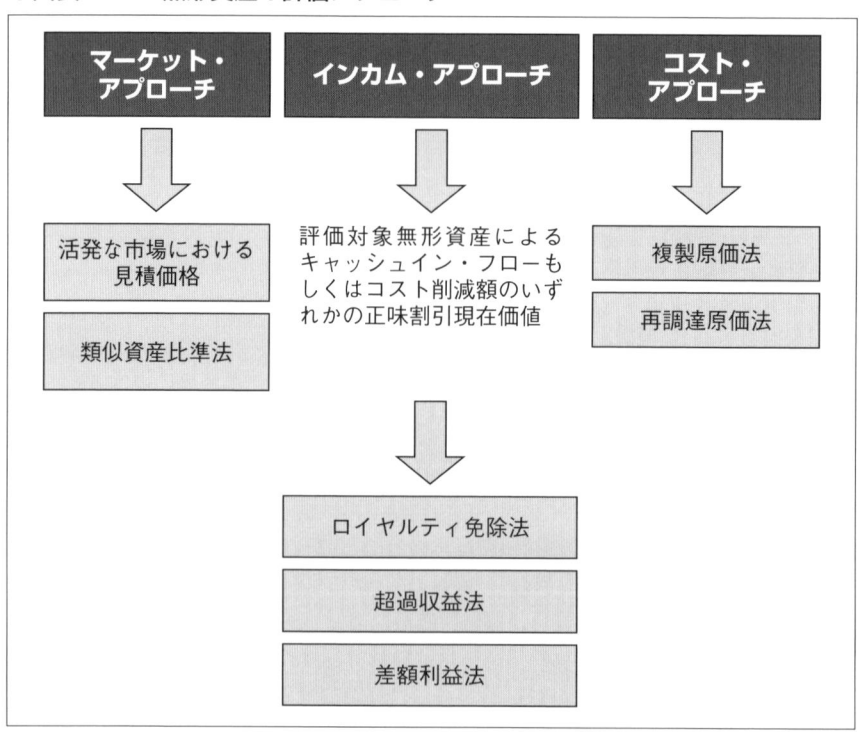

マーケット・アプローチ	インカム・アプローチ	コスト・アプローチ
活発な市場における見積価格	評価対象無形資産によるキャッシュイン・フローもしくはコスト削減額のいずれかの正味割引現在価値	複製原価法
類似資産比準法		再調達原価法
	ロイヤルティ免除法	
	超過収益法	
	差額利益法	

❖ マーケット・アプローチによる評価

　マーケット・アプローチの代表的なものとして、活発な市場における見積価格、類似資産比準法が挙げられます。見積価格は、市場における相場情報（ある場合）を入手するだけですので、とくに説明は必要ないと思います。

▶類似資産比準法

　類似資産比準法とは、類似資産にかかる乗数もしくは、参考市場取引価格に基づく評価手法です。

　たとえば、トレードマークのように資産そのものが一定の個性を有している場合、類似資産を見つけるのは困難です。また、これらの資産は通常、オープンマーケットでは売買されていません。無形資産については、多くの場合、活発な市場も比較可能な類似資産も存在しないため、評価にマーケット・アプローチが用いられることは稀です。

　ただし、一部のインターネット・ドメイン名、二酸化炭素排出権等については、市場データが入手できる場合もあるため、マーケット・アプローチに基づく評価が採用される場合もあるようです。

❖ インカム・アプローチによる評価

　インカム・アプローチの代表的なものとして、①ロイヤルティ免除法、②超過収益法、③差額利益法が挙げられます。

▶(1)ロイヤルティ免除法

　ロイヤルティ免除法とは、商標、特許技術等に使用される評価手法です。**ロイヤルティ**とは商標や特許技術等を利用するための対価のことであり、当該無形資産を保有していることにより、保有していない場合に比べて、支払いを免除されていると考えることができるロイヤルティ支払額に着目した評価手法です。

●図表7-8　ロイヤルティ免除法のイメージ

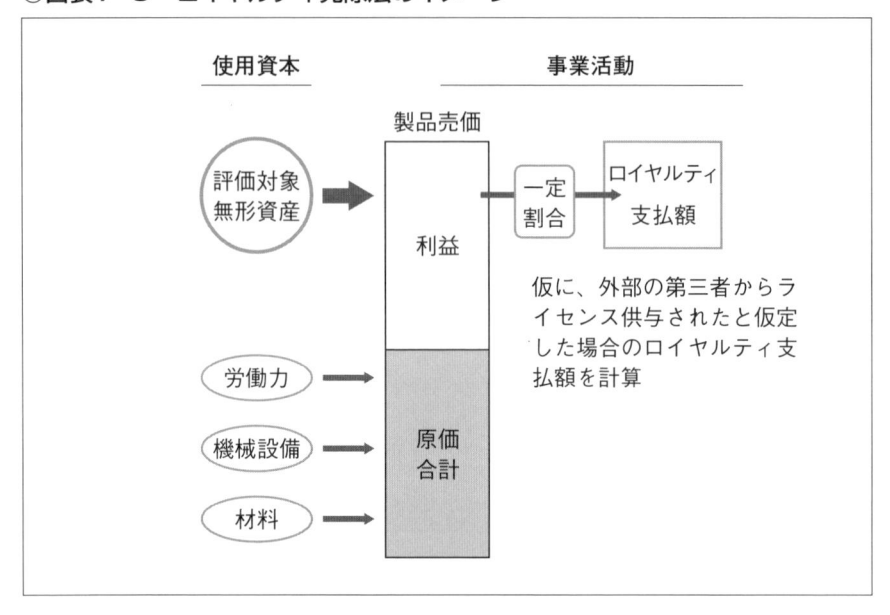

```
         使用資本                事業活動
                          製品売価
         ┌─────┐
         │評価対象│      ┌───┐    ┌───┐  ┌─────┐
         │無形資産│─────▶│   │    │一定│─▶│ロイヤルティ│
         └─────┘      │利益│───▶│割合│  │ 支払額  │
                          │   │    └───┘  └─────┘
                          │   │    仮に、外部の第三者からライ
                          │   │    センス供与されたと仮定
                          │   │    した場合のロイヤルティ支
         ┌─────┐      │   │    払額を計算
         │ 労働力 │─────▶│   │
         └─────┘      │   │
         ┌─────┐      │原価│
         │ 機械設備 │───▶│合計│
         └─────┘      │   │
         ┌─────┐      │   │
         │  材料  │─────▶│   │
         └─────┘      └───┘
```

・適切なロイヤルティレートの設定

　ロイヤルティ免除法においては、適切なロイヤルティレートの設定が重要となります。ロイヤルティレートを設定する際に考慮すべき要素としては、以下が挙げられます。

　・収益性
　・必要な投資金額
　・耐用年数もしくは陳腐化、または、その両方
　・政府の制約
　・条件（たとえば、特許侵害の際のペナルティ、地域的制限、時間的制限、独占権の有無）

　評価実務においては、インターネット経由で利用できるデータベースより母集団を入手し、条件等を参考にして選別するのが一般的です。

▶(2) 超過収益法

超過収益法とは、事業から上がる収益から、**キャピタルチャージ**として、運転資本、有形固定資産、その他の無形資産、人的資産が寄与している部分を控除することにより計算される、評価対象無形資産に帰属する収益に着目した評価手法です（**図表7-9**）。

キャピタルチャージとは、特定の資産（運転資本、有形固定資産、その他の無形資産、人的資産）を保有し使用することに対して求められる期待利益です。評価対象無形資産に関連する事業活動が生む営業利益から、このキャピタルチャージを差し引いた後の利益を超過収益として、この割引現在価値をもって無形資産価値を算定するのが超過収益法の考え方です。

●図表7-9　超過収益法のイメージ

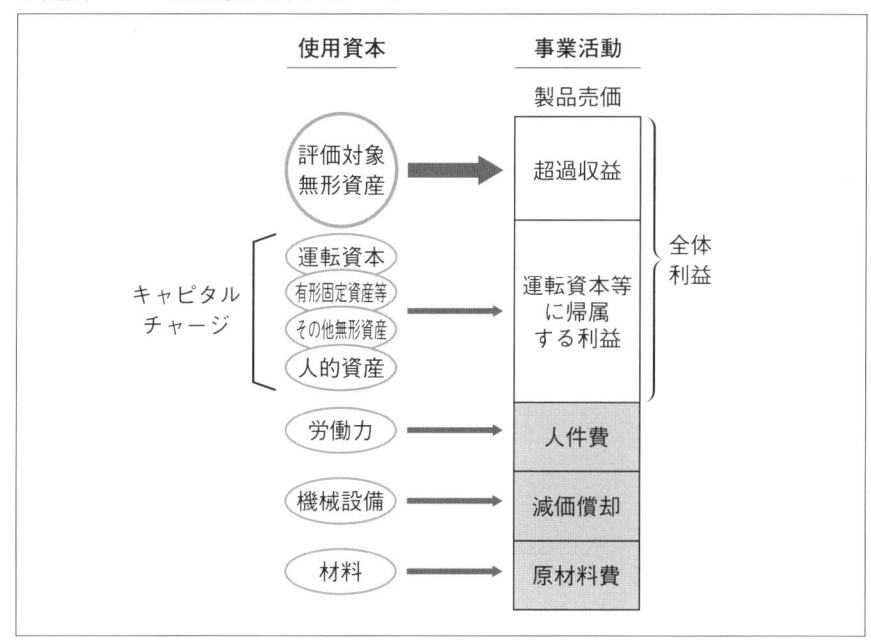

使用資本		事業活動
		製品売価
評価対象無形資産	→	超過収益
キャピタルチャージ { 運転資本／有形固定資産等／その他無形資産／人的資産 }	→	運転資本等に帰属する利益
労働力	→	人件費
機械設備	→	減価償却
材料	→	原材料費

（超過収益＋運転資本等に帰属する利益＝全体利益）

・キャピタルチャージの算定法

超過収益法において、無形資産に起因すると考えられるキャッシュ・フ

ローは、事業全体のキャッシュ・フローから、運転資本、有形固定資産、その他の無形資産、人的資産等に起因するキャッシュ・フローを、キャピタルチャージとして控除することにより算定されます。その残ったキャッシュ・フローが超過収益にあたる部分です。

　企業の保有する経営資源に対しては、その資産の交換のための回収に相当する**リターン・オブ・アセット**と、その資産の保有のために投下した資産に対する要求利回りに相当する**リターン・オン・アセット**が求められます。リターン・オブ・アセットは、営業費用内で手当てされていると考えるのが一般的であり、キャピタルチャージを構成するものではありません。キャピタルチャージは、資産を保有することに対する要求利回りであるリターン・オン・アセットとして考えるものです。なお、キャピタルチャージは、各資産残高に各資産の期待収益率を乗じることにより算出されます。

　キャピタルチャージ算出に使用された各資産の期待収益率の妥当性の検証のため、WACC（Weighted Average Cost of Capital）とWARA（Weighted Average of Return of Assets：加重平均期待収益率）との間で整合性を確認するということがよく行われています。

　この背景は、運転資本や固定資産を含めた評価対象企業が保有する資産の期待収益率の加重平均値であるWARAが、評価対象企業の資金調達コストであるWACCと近似することを確認することで、キャピタルチャージの算定で用いられた要求利回りの妥当性を確認するという目的があります（**図7-10**）。

・人的資産の算定

　人的資産は、「取得企業が取得日から被取得事業を引き続き操業することを可能にする集合した従業員の存在の価値」をいいます。熟練した従業員の知識や経験といった知的財産を指すものではありません。

　人的資産は、会計処理の観点からは無形資産として認識せず、のれんに含めて計上することが要求されています。一方、無形資産評価実務では、超過収益法を用いて無形資産価値を算定する過程で、人的資産価値の要求する期待収益をキャピタルチャージとして控除する必要があることから、

●図表7-10　WACCとWARAの関係

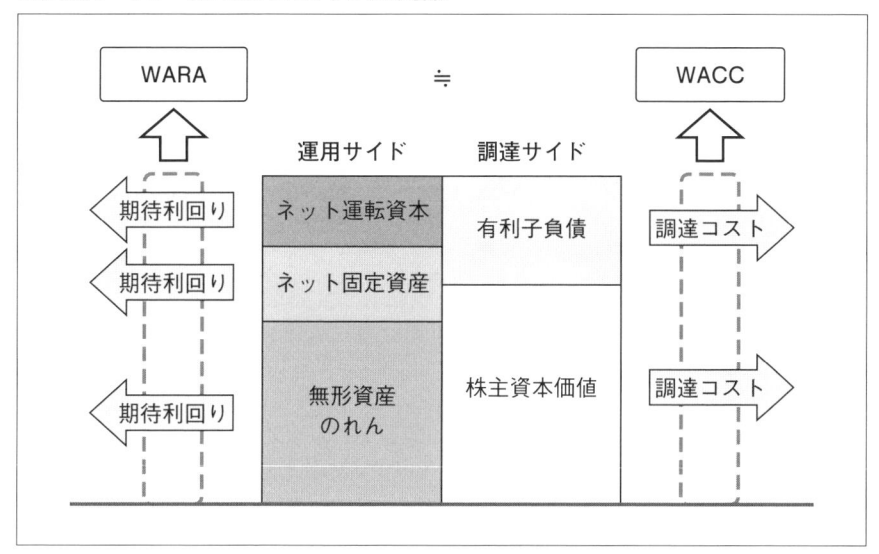

```
                    WARA  ≒  WACC
                    運用サイド    調達サイド
      期待利回り ← ネット運転資本  有利子負債  → 調達コスト
      期待利回り ← ネット固定資産
      期待利回り ← 無形資産
                   のれん        株主資本価値 → 調達コスト
```

人的資産の価値算定を行います。

なお、人的資産の価値は、コスト・アプローチにより、取得日時点で集合した従業員を準備するのに要する教育研修費と採用関連費を積み上げることにより算定されます。

▶(3) 差額利益法

差額利益法とは、評価対象無形資産を有することにより、評価対象無形資産をもたない場合に比べて、いくら利益が追加的に増加するかに着目した評価手法です（**図7-11**）。

たとえば、スニーカーを例として説明します。2つのスニーカーがあり、1つはノーブランドで1足3,000円で卸し販売されています。もう1つは有名ブランドで1足7,000円で卸し販売されています。これらの卸し販売価格の差額（4,000円）に着目してブランド価値を評価するわけです。

●図表7-11　差額利益法のイメージ

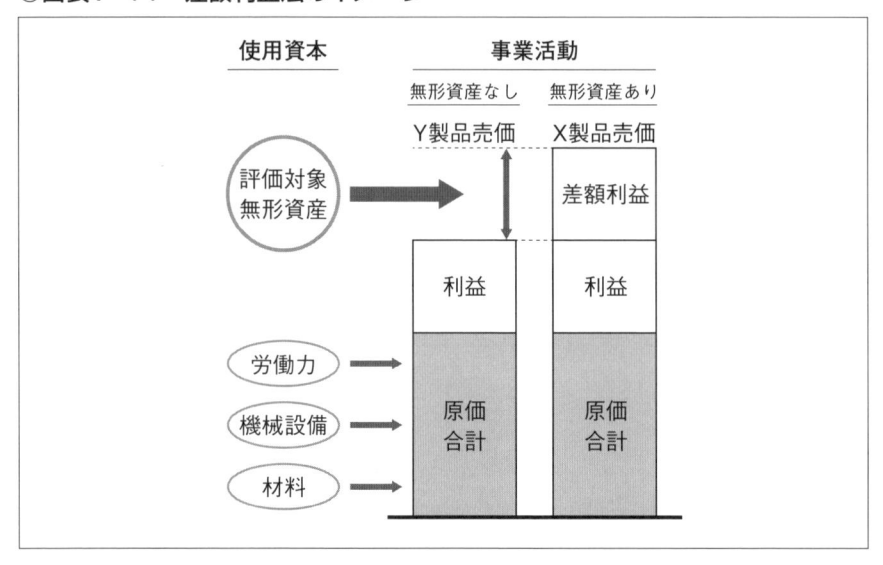

❖コスト・アプローチによる評価

コスト・アプローチの代表的なものとして、①複製原価法、②再調達原価法が挙げられます。

▶(1)複製原価法

複製原価法とは、評価対象無形資産とまったく同一のものを複製する際にかかるコストを考慮する評価手法です。

▶(2)再調達原価法

再調達原価法とは、同一の効用を有する資産を調達する際にかかるコストを考慮する評価手法です。コスト・アプローチの場合、再調達原価法が最も直接的で意味のある手法と考えられています。

再調達原価法において留意すべきことは、さまざまな形態の陳腐化（機能的、技術的、経済的）を考慮する必要があることです。再調達原価法の

計算式は、図表7-12のようになります。

●図表7-12　再調達原価法による無形資産価値の計算式

```
        新規複製原価
            －修復可能な機能的陳腐化、技術的陳腐化
        ＝新規再調達原価
            －修復不可能な機能的陳腐化、技術的陳腐化
            －外部経済的陳腐化
        ＝無形資産の税引前価値
```

5 経済的耐用年数の推計と償却の税効果

無形資産評価で留意すべき2つの事項

　無形資産評価における追加検討事項として、経済的耐用年数の推計と償却の税効果があります。

❖経済的耐用年数の推計

　無形資産は、有形資産と同様に、徐々にその価値が減耗していくものが多いと考えられています。市場の圧力、陳腐化、代替品等が無形資産の価値を低下させる要因です。また、法的、規制上、契約書上の規程により、無形資産の経済的耐用年数を制限する要因が存在する場合があります。
　図表7-13で、無形資産の耐用年数を推計する際に考慮すべき事項を示します。

●図表7-13　無形資産の耐用年数を推計する際に考慮すべき事項

- 対象資産の使用予測
- 対象資産が関連している他の資産の予測耐用年数
- 耐用年数を制限するかもしれない法的、規制上、または契約上の規程
- 対象資産の法的もしくは契約上の有効期間を、多大なコストをかけずして更新もしくは延長できるようにするかもしれない、法的、規制上、または契約上の規程
- 陳腐化、需要、競争、そのほかの経済的要因の影響
- 資産からの予測将来キャッシュ・フローを獲得するために必要とされる維持コストのレベル

❖償却にかかる節税効果の勘案

　無形資産の評価は税効果考慮後のベースで行う必要があり、税効果としては、法人税の支払いに加えて、償却にかかる節税効果も勘案する必要があります。税効果の勘案の仕方は、評価アプローチごとに異なってきます（図表7-14）。

●図表7-14　評価アプローチ手法と税効果の勘案の仕方

評価アプローチ	税効果の勘案の仕方
インカム・アプローチ	勘案するのが一般的
コスト・アプローチ	評価実務家の間で意見が分かれる
マーケット・アプローチ	勘案しないのが一般的

6 無形資産価値の評価
――価値算定プロセス事例

電機部品メーカーS社の事例でみる評価の具体的ステップ

ここではある電機部品メーカーP社が、同業の電機部品メーカーS社を買収し、財務会計目的の取得価格の配賦が必要になったとの想定のもと、無形資産評価の具体的なステップをみていきます。

[P社によるS社の買収取引の概要]

P社によるS社の買収において、主要な前提条件は以下のとおりとします。
・P社はS社株式100%相当を、8,350百万円を支払って、取得した。
・取得日は2011年3月31日とする。

また、S社の貸借対照表、事業計画、株主資本の公正価値評価を**図表7-15～17**に示しました。

●図表7-15　S社の貸借対照表

貸借対照表　　　　　　　　　　　　　　　　　　　　　　　　　　　　　　（単位：百万円）

	2011年3月末	含み損益 (税効果考慮後)	修正後 残高		2011年3月末	含み損益 (税効果考慮後)	修正後残高
流動資産				**流動負債**			
現預金	1,250		1,250	支払手形・買掛金	2,000		2,000
有価証券	500		500	短期借入金	250		250
受取手形・売掛金	2,750		2,750	合計	2,250		2,250
たな卸資産	1,000		1,000				
合計	5,500		5,500	**固定負債**			
				長期借入金	2,250		2,250
固定資産				簿外債務		150	150
建物	1,000		1,000	合計	2,250	150	2,400
機械装置	1,500		1,500	負債合計	4,500	150	4,650
土地（工場）	750	100	850				
土地（遊休）	250	(30)	220	**純資産**			
投資有価証券	1,000	(250)	750	株主資本	5,500	(330)	5,170
合計	4,500	(180)	4,320	負債・純資産合計	10,000	(180)	9,820
資産合計	10,000	(180)	9,820				

●図表7-16　S社の事業計画

事業計画				
(単位：百万円、%)	2011年度 (実績)	2012年度 (計画)	2013年度 (計画)	2014年度 (計画)
売上高	15,000	15,430	15,897	16,402
売上原価	(13,250)	(13,530)	(13,797)	(14,002)
粗利益	1,750	1,900	2,100	2,400
粗利益率	*11.7%*	*12.3%*	*13.2%*	*14.6%*
販売管理費	(1,100)	(1,200)	(1,250)	(1,350)
営業利益	650	700	850	1,050
営業利益率	*4.3%*	*4.5%*	*5.3%*	*6.4%*
営業外収益・費用				
受取利息	10	10	10	10
受取配当金	35	35	35	35
支払利息	(45)	(45)	(45)	(45)
経常利益	650	700	850	1,050
特別損益	0	0	0	0
税引前利益	650	700	850	1,050
上記損益計算書に含まれる減価償却費	(750)	(1,000)	(1,150)	(1,250)
設備投資	1,000	1,100	1,250	1,250
実効税率	40%	40%	40%	40%

●図表7-17　S社の株主資本の公正価値評価

株主資本の公正価値評価				
(単位:百万円、%)	2012年度 (計画)	2013年度 (計画)	2014年度 (計画)	
営業利益	700	850	1,050	
受取配当金	35	35	35	
EBIT	735	885	1,085	2015年度以降 継続可能FCF
法人税等	(294)	(354)	(434)	
EBIAT	441	531	651	651
減価償却費	1,000	1,150	1,250	FCF成長率
運転資本の増減	(25)	(40)	(60)	0.0%
設備投資	(1,100)	(1,250)	(1,250)	
FCF	316	391	591	9,864
割引期間	1.0000	2.0000	3.0000	3.0000
現価係数	0.9381	0.8800	0.8255	0.8255
FCFの現在価値	296	344	488	8,143

株式価値の算定	(単位:百万円)	割引率の算定	
予測期間価値	1,128	負債コスト	1.8%
残存価値	8,143	税引後負債コスト	1.1%
事業価値	9,271	Risk Free Rate	1.2%
有価証券(流動)	500	Equity Risk Premium	5.0%
非事業用資産	220	ベータ値	1.0
企業価値	9,991	固有のリスクプレミアム	4.0%
余剰現預金	1,000	株主資本コスト	10.2%
有利子負債	(2,500)	加重平均資本コスト(WACC)	6.6%
簿外債務	(150)	想定資本構成	
株主資本価値	8,341	有利子負債	40%
		株主資本	60%

❖評価対象無形資産の抽出

　評価依頼企業であるP社とのインタビュー、対象企業であるS社とのインタビュー等を参考にして、評価対象とする無形資産を抽出します。ここでは、P社のインタビューおよびS社のインタビューにより以下のことを聴取したとします。
1) 　P社がS社を買収した主な理由は、S社が保有する強固な顧客基盤と、高い技術力を入手するためである。
2) 　S社は電機メーカー数社と長年にわたって構築してきた関係を有している。
3) 　S社は取得日時点で有する業界最先端の技術により、高い利益率と成長性を享受している。また、当該技術は他社にライセンス供与されうる程価値のあるものと考えられている。
4) 　電機部品業界では、商標による製品の差別化は図られていない。
5) 　S社は多数の契約を有しているものの、いずれの契約も一般的な条件と比して特段有利・不利とはいえない。

　これら聴取したこと等を参考に、評価対象企業の無形資産として、「特許技術」と「顧客関係」が抽出されたとします。

❖割付額の決定

　P社はS社の取得対価として8,350百万円を支払いましたので、修正純資産金額5,170百万円との差額である3,180百万円が、無形資産およびのれんに割り付けられる金額となります（**図表7-18**）。また、ここでは後に超過収益法でキャピタルチャージを計算する際に必要となるネット運転資本とネット固定資産の残高も合わせて計算しています。

● 図表7-18　無形資産およびのれんへの割付額の決定

	取得日 修正後残高	取得日 取得価格
(単位：百万円)		
株主資本価値	5,170	8,350
余剰現預金	(1,000)	(1,000)
有利子負債	2,500	2,500
簿外債務	150	150
企業価値	6,820	10,000
有価証券（流動）	(500)	(500)
土地（非事業用資産）	(220)	(220)
事業価値	6,100	9,280
割付額	6,100	9,280
うち、ネット運転資本	2,000	2,000
うち、ネット固定資産	4,100	4,100
うち、無形資産およびのれん	—	3,180

❖ S社が保有する特許技術の評価

　それでは、S社が保有する特許技術をインカム・アプローチのロイヤルティ免除法を使って評価してみましょう。

1) まず、評価対象特許技術の経済的耐用年数および減耗率を分析します。ここでは、対象会社とのインタビューおよび業界情報より、評価対象無形資産は7年かけて直線的に減耗していくと想定したとします。これにより特許技術が寄与する売上高が決定されます。
2) ロイヤルティレートは、類似性の高い他の技術のロイヤルティレートを参考に、2％と設定されたとします。
3) 特許技術が寄与する売上高、想定ロイヤルティレート、実効税率を使用して、各年の税引後ロイヤルティ免除額が計算されます。
4) 各年の税引後ロイヤルティ免除額を、特許技術に対する期待収益率で割り引いて現在価値を算出します。なお、特許技術に対する期待収益率の算定と検証については、後で述べるWACCとWARAの整合性検証の項（205ページ）を参照ください。

5) 最後に、償却にかかる節税効果を計算して加算します。ここでは償却期間を5年間と想定して計算します。

以上を示したのが、図表7-19です。

● 図表7-19　ロイヤルティ免除法による特許技術の評価

(単位:百万円)			2010年度 実績	2011年度 計画	2012年度 計画	2013年度 計画	2014年度 予測	2015年度 予測	2016年度 予測	2017年度 予測
全社売上高			15,000	15,430	15,897	16,402	n.a.	n.a.	n.a.	n.a.
技術が寄与する売上高	減耗率	14.3%	15,000	12,857	10,714	8,571	6,429	4,286	2,143	0
ロイヤルティ免除額	売上高比@	2.0%		257	214	171	129	86	43	0
−)法人税等	実効税率@	40%	0	(103)	(86)	(68)	(52)	(34)	(17)	0
税引後ロイヤルティ免除額			0	154	128	103	77	52	26	0
基準日からの経過年数				1.0000	2.0000	3.0000	4.0000	5.0000	6.0000	7.0000
現価係数	割引率@	9.0%		0.9174	0.8417	0.7722	0.7084	0.6499	0.5963	0.5470
ロイヤルティ免除額の現在価値				141	108	79	55	34	15	0
現在価値の合計			432							
償却による節税効果額			195							
合計			627=現在価値の合計/(1−⑤)							

償却による節税割合の計算

		2010年度	2011年度	2012年度	2013年度	2014年度	2015年度
償却割合	①1／5年		20.0%	20.0%	20.0%	20.0%	20.0%
実効税率	②		40.0%	40.0%	40.0%	40.0%	40.0%
基準日からの経過年数			1.00	2.00	3.00	4.00	5.00
現価係数	③		0.9174	0.8417	0.7722	0.7084	0.6499
節税効果の現在価値	④=①×②×③		7.3%	6.7%	6.2%	5.7%	5.2%
償却による節税割合	⑤	31.1%					

❖ S社が保有する顧客関係の評価

ここでは、S社が保有する顧客関係をインカム・アプローチの超過収益法に基づき評価してみます。

1) まず、顧客関係の経済的耐用年数および減耗率を分析します。ここでは、対象会社とのインタビューおよび業界情報より、評価対象無形資産は10年かけて直線的に減耗していくと想定したとします。これにより顧客関係が寄与する売上高が決定されます。
2) 顧客関係が寄与する売上高、既存顧客にかかる営業利益率、実効税率を使用して、税引後営業利益が計算されます。なお、ここでは説明

の簡略化のため、既存顧客にかかる営業利益率が対象企業全体の営業利益率と同一であると仮定します。
3) キャピタルチャージとして、当該税引後営業利益を生みだすのに使用した特許技術、ネット運転資本、ネット固定資産、人的資産に要求される期待収益を控除します。

　もし仮にキャピタルチャージとして特許技術に要求される期待収益を控除しなかった場合、超過収益に、特許技術が寄与する部分も含まれてしまうこととなるため、留意が必要です。ここでは特許技術に要求される期待収益率（対売上高）として想定ロイヤリティレート x（1－実効税率）を考慮しています。ネット運転資本、ネット固定資産、人的資産に要求される期待収益率（対売上高）は、各期待収益率（対資産残高）を**図表7-21**の計算式で換算して算出します。各期待収益率（対資産残高）に関しては、WACCとWARAとの整合性検証の項（205ページ）を参照ください。
4) 人的資産は、**図表7-22**の計算式で算出しています。
5) キャピタルチャージを控除して算出した超過収益を、顧客関係に対する期待収益率で割り引いて現在価値を算出します。なお、使用する期待収益率の分析については、WACCとWARAとの整合性検証の項で説明します。
6) 最後に、償却にかかる節税効果を計算して加算します。ここでは償却期間を5年間と想定して計算しています。

以上を示したのが、**図表7-20**です。

●図表7-20　超過収益法による顧客関係の評価

(単位:百万円)		2010年度 実績	2011年度 計画	2012年度 計画	2013年度 計画	2014年度 予測	2015年度 予測	2016年度 予測	2017年度 予測	2018年度 予測	2019年度 予測	2020年度 予測
全社売上高		15,000	15,430	15,897	16,402	n.a.	n.a.	n.a.	n.a.	n.a.	n.a.	n.a.
既存顧客が寄与する売上高　減耗率	10.0%	15,000	13,500	12,000	10,500	9,000	7,500	6,000	4,500	3,000	1,500	0
既存顧客にかかる営業利益率		4.3%	4.5%	5.3%	6.4%	6.4%	6.4%	6.4%	6.4%	6.4%	6.4%	6.4%
既存顧客が寄与する営業利益		650	612	642	672	576	480	384	288	192	96	0
-) 法人税等　　　実効税率@	40%	(260)	(245)	(257)	(269)	(230)	(192)	(154)	(115)	(77)	(38)	0
税引後営業利益		390	367	385	403	346	288	230	173	115	58	0
キャピタルチャージ												
特許技術　　　期待収益率(対売上高)@	1.20%		(162)	(144)	(126)	(108)	(90)	(72)	(54)	(36)	(18)	0
ネット運転資本　期待収益率(対売上高)@	0.39%		(52)	(46)	(41)	(35)	(29)	(23)	(17)	(12)	(6)	0
ネット固定資産　期待収益率(対売上高)@	1.04%		(140)	(125)	(109)	(94)	(78)	(62)	(47)	(31)	(16)	0
人的資産　　　　期待収益率(対売上高)@	0.41%		(55)	(49)	(43)	(37)	(31)	(24)	(18)	(12)	(6)	0
合計			(410)	(364)	(319)	(273)	(228)	(182)	(137)	(91)	(46)	0
税引後超過収益			(42)	21	85	73	61	48	36	24	12	0
基準日からの経過年数			1.0000	2.0000	3.0000	4.0000	5.0000	6.0000	7.0000	8.0000	9.0000	10.0000
現価係数　　　　割引率@	9.00%		0.9174	0.8417	0.7722	0.7084	0.6499	0.5963	0.5470	0.5019	0.4604	0.4224
超過収益の現在価値			(39)	18	65	52	39	29	20	12	6	0
現在価値の合計		202										
償却による節税効果額		91										
合計		293	=現在価値の合計/(1-⑤)										

償却による節税割合の計算

		2010年度	2011年度	2012年度	2013年度	2014年度	2015年度
償却割合	①1／5年		20.0%	20.0%	20.0%	20.0%	20.0%
実効税率	②		40%	40%	40%	40%	40%
基準日からの経過年数			1.0000	2.0000	3.0000	4.0000	5.0000
現価係数	③		0.9174	0.8417	0.7722	0.7084	0.6499
節税効果の現在価値	④=①×②×③		7.3%	6.7%	6.2%	5.7%	5.2%
償却による節税割合	⑤	31.1%					

●図表7-21　期待収益率(対資産残高)から期待収益率(対売上高)への換算

		ネット運転資本	ネット固定資産	人的資産
2011年3月31日各資産残高	①=実績より	2,000	4,100	530
期待収益率(対資産残高)	②	2.9%	3.8%	11.5%
期待収益	③=①×②	58	156	61
既存顧客にかかる売上高(2010年度実績)	④=実績より	15,000	15,000	15,000
期待収益率(対売上高)	⑤=③/④	0.39%	1.04%	0.41%

● 図表7-22　人的資産の算定

(単位:百万円)						
役職	取締役	部長	課長	係長	社員	
従業員数(2011/3期末)	5	10	20	30	90	a
教育研修費						
年間人件費	50	80	140	180	450	b
月間人件費	4	7	12	15	38	c=b/12
トレーニング期間	1.0	2.0	2.0	3.0	3.0	d
教育研修費合計	4	14	24	45	114	e=c×d
採用関連費						
1人当り採用費	3.0	2.4	2.1	1.8	1.5	f
採用費	15	24	42	54	135	g=a×f
1人当り広告宣伝費	1.0	1.0	1.0	1.0	1.0	h
広告宣伝費	5	10	20	30	90	i=a×h
採用関連費	20	34	62	84	225	j=g+i
人的コスト合計額	24	48	86	129	339	k=e+j
法人税相当額　　　　　　　実効税率@　40%	(10)	(19)	(34)	(52)	(136)	l
人的資産価値(償却による節税効果額考慮前)	14	29	52	77	203	m=k+l

(単位:百万円)					
人的資産価値	375				
償却による節税効果額の現在価値	155 =現在価値の合計/(1-⑤)				
償却による節税効果額を考慮した人的資産価値	530				
償却による節税割合の計算					
	2011年度	2012年度	2013年度	2014年度	2015年度
償却割合　　　①1／5年	20.0%	20.0%	20.0%	20.0%	20.0%
実効税率　　　②	40%	40%	40%	40%	40%
基準日からの経過年数	1.0000	2.0000	3.0000	4.0000	5.0000
現価係数　　　③	0.8969	0.8044	0.7214	0.6470	0.5803
節税効果の現在価値　④=①×②×③	7.2%	6.4%	5.8%	5.2%	4.6%
償却による節税割合　⑤	29.2%				

❖ WACCとWARAとの整合性検証

　ここでは、特許技術の評価に使用した特許技術の期待収益率、顧客関係の評価に使用したネット運転資本、ネット固定資産、人的資産、顧客関係の期待収益率の算定・検証方法を紹介します。

1) まず、ネット運転資本、ネット固定資産の期待収益率を計算します。ここでは、各資産の想定資本構成に基づくWACCを算出し期待収益率としています。

2) 次に、特許技術、顧客関係、のれん（人的資産を除く）、人的資産の期待収益率を、

①期待収益率はネット運転資本、ネット固定資産、無形資産、のれん

の順に高くなる
② WACC と WARA は同じ水準となる

の2点の条件を満たすように、トライアル・アンド・エラーにより設定します。

以上を示したのが、**図表7-23**です。

● 図表7-23　WACCとWARAの整合性検証

(単位:百万円)	割付後	期待収益率	負債コスト(税引後)		負債比率		株主資本コスト		自己資本比率
運用サイド									
ネット運転資本	2,000	2.9% =	1.1%	×	80%	＋	10.2%	×	20%
ネット固定資産	4,100	3.8% =	1.1%	×	70%	＋	10.2%	×	30%
無形資産およびのれん(含む:人的資産)	3,180	12.4%							
特許技術	627	9.0%	―		―		―		―
顧客関係	293	9.0%	―		―		―		―
のれん(除く:人的資産)	1,730	14.5%	―		―		―		―
人的資産	530	11.5%	―		―		―		―
資産合計	9,280	6.6%	―		―		―		―
調達サイド									
ネット有利子負債等	930		―		―		―		―
株主資本価値	8,350		―		―		―		―
調達合計	9,280	6.6% =	1.1%	×	40%	＋	10.2%	×	60%

想定資本構成

あとがき

　企業の規模の大小、業種、所在地（大都市圏、地方）、投資対象の国内外の別などを問わず、身近なところでもM&Aが発生する時代となりました。1990年代後半の金融危機以降、国内でもM&Aが企業の経営戦略において欠かせない選択肢となり、社会的にもその必要性が徐々に認められるようになった結果だと思います。また、日本企業の立たされた現状に目をやると、先進国から新興国への世界経済のシフトに応じて、今後5年ぐらいの間に日本企業のM&Aはますます増えていくことが予想されます。

　そうした環境が予想される中、本書は、今後M&A等に関わる可能性のある、経営者、ビジネス・パーソン、学生等の皆様にとっての企業価値評価の入門書として著しました。
　企業価値評価は、決して難解なものではありません。その理論と実務に関する基礎的な理解をもつことができれば、自ら評価算定の実務に携わらないにしても、その内容を理解し、企業価値について詳しく議論することができるようになります。
　また企業価値評価は、一部の専門家や、M&A・財務の専任者だけが知っていればよいものでもありません。多くの企業が、企業価値を上げるための事業ポートフォリオの再編に取り組もうとしています。そうした取組みは、買収・売却のいずれを行うにしても、企業における本部機能（いわゆるコーポレート）と事業部の双方のメンバーがいっしょになって、総合的な見地から検討すべきものです。こうした検討のスピードと質をレベルアップしていくためには、本部機能のメンバーはもとより、事業部のメンバーも、企業価値評価の基本を理解することが望まれているわけです。

　実際のM&Aの企業価値評価においては、おそらくフィナンシャルアドバイザーや評価機関を雇って、専門家による企業価値評価を実施することになると思われます。こうした専門家は、年間何十件もの企業価値評価に

携わることで、その理論と実務に関する深い理解と蓄積を有しています。また、日ごろから経済動向、市場、企業業績、技術・ビジネスモデルの革新などの変化を、企業価値評価の視点とリンクして考えることにより、企業価値評価のプロとしてのセンスや感覚を常時磨いています。

　入門書を読むだけでは企業価値評価にそこまで精通することはできませんが、企業価値評価の本質を理解したうえで、こうした専門家を上手に活用することがビジネス・パーソンにとってのポイントとなります。

　今後、新興国市場におけるビジネス獲得を目指して、世界的な競争が激化していきます。日本企業にとっては、その競争に向けた体制作りが急務です。日本を含む先進国の事業を再編し、新興国への投資を積極的かつスピーディに進めていかなければなりません。

　また、よりグローバルな経営体制を築く中で、M&A案件においても、全社的なリソースの活用が重要です。本社機能・事業部のいずれに属するかを問わず、本社で働く外国人スタッフや海外現地法人の幹部などと協働することも必要になってくるでしょう。

　そのためには、企業の経営者から現場（事業部）の社員にいたる主要なメンバー全員が、M&Aや企業価値評価についてある程度の理解をもっておくことが必要です。そうした来るべきときの準備のために、本書をご活用いただけると幸いです。

　最後になりましたが、本書の執筆にあたり、太田智之さん、答島王之さん、齋藤哲さん、福岡功さん、平松健志さん、山本憲志さんらのメンバーには、執筆協力の面で多大な貢献をいただきました。また原稿のレビューにおいては、多数の方々にお世話になりました。ここに御礼申し上げます。

　なお、本文中、意見にわたる部分は筆者らの個人的見解であり、筆者らが所属する会社や会社グループとしての見解ではないことを念のため付言させていただきます。

巻末資料

　企業価値の評価をするにあたっては、評価対象企業の事業内容やビジネスモデル等の全般的事項を把握するとともに、マーケット・インカム・コストアプローチそれぞれの評価を行うために必要な社内資料および社外資料を収集し分析する必要があります。

　そこで評価実施者は評価対象企業に依頼資料リストを提出し、評価対象企業は保有する社内資料を評価実施者に開示します。以下に記載した**依頼資料リスト**は、一般的に企業価値評価を行うために必要な資料を網羅していますが、対象企業の事業内容や財政状態等により依頼する資料の内容は異なるため、評価実施者は社外資料を事前に分析したうえで依頼資料リストを作成します。

　この巻末資料では、依頼資料リストに加え、**DCF法・修正純資産法や株価倍率算定のテンプレート**を記載しました。評価実施者は評価対象企業の固有の状況を考慮したうえで案件毎に評価モデルを作成します。また、さまざまな角度からの分析を積み重ねたうえでその分析内容を企業価値評価額に反映させます。

　このため、読者の皆様が実際に企業価値評価を行うにあたっては、評価対象企業の状況や分析内容等によってテンプレートを修正してご活用いただく必要がある点にご留意ください。

資料1. 依頼資料リスト（例）

番号	資料名	依頼内容・目的

1) 全般的事項

番号	資料名	依頼内容・目的
1	会社案内 取扱商品パンフレット等	評価対象企業の事業内容の把握
2	定款	株式の状況等の把握
3	登記簿謄本	発行済株式数等の把握
4	子会社・関連会社の一覧表	株式持分比率や関係会社の事業内容等の把握
5	子会社・関連会社の財務諸表	関係会社の財務内容の把握
6	関係会社取引一覧表	関係会社との取引内容の把握
7	株式の状況	発行済株式数・自己株式数、潜在株式の内容の把握
8	株主名簿	株主の把握
9	会社組織図	会社組織・人員構成等の把握
10	役員・従業員の状況	人員数、平均年齢・給与等の把握

番号	資料名	依頼内容・目的
11	経営上の重要な契約の一覧表	評価対象企業の事業内容や評価上の留意事項の把握
12	研究開発活動の概要	評価対象企業の事業内容や評価上の留意事項の把握
13	取締役会議事録	会社運営に係る重要事項等の把握

2）過年度の財務実績

番号	資料名	依頼内容・目的
1	財務諸表、計算書類等	財務実績の把握
2	合計残高試算表	財務実績の把握
3	勘定科目明細	財務実績の把握
4	予算実績分析資料	予算の達成状況と予算実績との乖離理由の把握
5	経営管理資料（ビジネス関連）	セグメント別売上高・利益や主要顧客別売上高・利益明細等対象企業が経営管理している資料
6	棚卸資産明細	取得原価・正味売却価額等の把握
7	有形固定資産の時価評価資料	鑑定評価等有形固定資産の時価評価額の把握

番号	資料名	依頼内容・目的
8	固定資産の減損関係資料	減損の兆候の判定資料、減損損失の算定資料
9	固定資産台帳	固定資産の状況の把握
10	設備投資実績	設備投資の内容・金額の把握
11	有価証券明細	有価証券の簿価および時価評価額、保有目的の把握
12	時価評価されていない金融商品の明細	時価評価されていない金融商品の把握
13	遊休資産明細	遊休資産の内容、簿価および時価評価額の把握
14	繰延税金資産・負債明細	項目毎の残高の把握
15	繰延税金資産の回収可能性の検討資料	評価性引当金の算定根拠の把握
16	有利子負債明細	契約毎の残高・金利等の把握
17	有利子負債返済スケジュール	契約毎の返済スケジュールの把握
18	退職給付引当金の算定資料	退職給付債務に係る未認識債務の内容・金額の把握

番号	資料名	依頼内容・目的
19	退職給付債務の計算の基礎に関する事項	割引率・期待収益率等の把握
20	貸倒引当金明細	貸倒引当金の算定根拠の把握
21	法人税申告書	税務上の繰越欠損金の把握

3）事業計画

番号	資料名	依頼内容・目的
1	予測損益計算書	評価対象企業の将来損益予測
2	予測損益計算書の明細	売上高・コスト明細など予測損益計算書の積み上げ明細
3	予測貸借対照表	評価対象企業の将来財政状態予測
4	予測キャッシュ・フロー計算書（資金繰り計画）	評価対象企業の現預金予測
5	設備投資計画	計画期間の設備投資の内容・金額の把握
6	研究開発費計画	計画期間の研究開発の内容・金額等の把握
7	人員計画	計画期間の人員数・人件費の把握

番号	資料名	依頼内容・目的
8	事業戦略・施策	事業計画に織り込まれている事業戦略・事業施策の内容の把握
9	ビジネスの分析資料	事業計画作成にあたって使用したビジネスの分析資料
10	事業計画の主要な前提条件	売上高成長率、利益率等事業計画上設定された主要な前提条件の把握
11	今期予算	評価対象期の予算および直近月までの実績の把握

4）その他

番号	資料名	依頼内容・目的
1	今期配当金支払予定額	評価対象期に帰属する配当金支払予定額
2	偶発債務一覧表	評価基準日における重要性のある偶発債務の把握
3	後発事象一覧表	評価基準日以降の重要性のある後発事象の把握
4	過年度の会計監査の指摘事項	会計監査にあたって指摘を受けた事項の把握
5	過年度の税務調査の指摘事項	税務調査にあたって指摘を受けた事項の把握

資料2. DCF法テンプレート（例）

(単位：百万円)	実績 FY2010	予測 FY2011	予測 FY2012	予測 FY2013
売上高	45,000	50,000	60,000	80,000
売上原価	(35,100)	(39,000)	(46,200)	(60,000)
売上総利益	9,900	11,000	13,800	20,000
販管費	(3,150)	(3,500)	(4,200)	(6,400)
営業利益	6,750	7,500	9,600	13,600
営業外収益・費用等	20	22	23	25
EBIT	6,770	7,522	9,623	13,625
法人税等	(2,708)	(3,009)	(3,849)	(5,450)
EBIAT	4,042	4,491	5,751	8,150
減価償却費	1,000	1,100	1,300	1,500
設備投資	(800)	(1,300)	(1,300)	(1,500)
運転資本の増減	(1,000)	(1,200)	(1,300)	(2,000)
FCF	3,242	3,091	4,451	6,150
割引期間		1.0000	2.0000	3.0000
現価係数		0.9524	0.9070	0.8638
FCFの現在価値		2,944	4,037	5,312

予測期間価値

PA法

FY2013以降 FCF	8,150
FCF成長率	0.0%

	163,000
	3.0000
	0.8638
	140,799

残存価値

株主資本価値の算定　(単位：百万円、株)

予測期間価値	12,293
残存価値	140,799
事業価値	153,092
有価証券	1,000
非事業用資産価値	300
企業価値	154,392
余剰現預金	5,000
有利子負債	(80,000)
株主資本価値	79,392
発行済株式数	2,000,000
1株当たり株主資本価値(円)	39,696

割引率の設定前提　(単位：％、ポイント)

割引率の算定	
負債コスト	2.0%
税引後負債コスト	1.2%
Risk Free Rate	1.2%
Equity Risk Premium	5.0%
ベータ値	1.1
固有のリスクプレミアム	2.0%
株主資本コスト	8.7%
加重平均資本コスト（WACC）	5.0%

想定資本構成	
純有利子負債	50%
株主資本	50%
合計	100%

資料3．株価倍率算定テンプレート（例）

類似企業		V社	W社	X社	Y社	Z社
株式						
	直近株価（円）	1,000	1,400	1,300	400	500
	過去1ヶ月平均	900	1,500	1,200	300	600
	過去3ヶ月平均	1,000	1,600	1,400	500	500
	過去6ヶ月平均	900	1,700	1,700	400	500
	自己株式を除く発行済株式数（千株）	134,000	75,000	63,000	140,000	75,000
事業価値（単位：百万円）						
	事業価値〔A＋B＋C－D－E〕	159,100	107,000	96,700	94,200	38,300
	A：株式時価総額〔株価過去3ヶ月平均×発行済株式数〕	134,000	120,000	88,200	70,000	37,500
	B：有利子負債	30,600	18,700	35,600	41,900	13,300
	C：非支配株主持分	14,100	2,000	700	4,500	400
	D：現金及び預金	11,600	18,200	15,100	4,900	1,200
	E：有価証券	8,000	15,500	12,700	17,300	11,700
業績数値（単位：百万円）						
前期実績	売上高	700,800	330,600	132,100	242,500	96,200
	営業利益（EBIT）	14,100	12,800	5,200	3,900	3,800
	減価償却費	26,300	15,800	10,500	12,800	5,700
	EBITDA〔営業利益＋減価償却費〕	40,400	28,600	15,700	16,700	9,500
	当期純利益	10,700	8,300	3,200	2,300	1,300
	純資産（非支配株主持分を除く）	171,700	128,200	83,800	82,100	35,600
今期予想	売上高	740,000	333,000	140,000	266,000	103,500
	営業利益（EBIT）	16,000	14,000	7,800	7,000	4,700
	減価償却費	27,000	15,800	10,400	12,800	5,600
	EBITDA〔営業利益＋減価償却費〕	43,000	29,800	18,200	19,800	10,300
	当期純利益	11,400	9,600	3,600	2,800	2,000
来期予想	売上高	770,000	345,000	148,000	270,000	110,000
	営業利益（EBIT）	17,100	15,100	9,500	7,100	5,000
	減価償却費	28,500	16,000	10,600	13,200	5,500
	EBITDA〔営業利益＋減価償却費〕	45,600	31,100	20,100	20,300	10,500
	当期純利益	11,900	12,300	4,100	2,900	2,200
株価倍率（単位：倍）						
前期実績	売上高倍率	0.2×	0.3×	0.7×	0.4×	0.4×
	EBIT倍率	11.3×	8.4×	18.6×	24.2×	10.1×
	EBITDA倍率	3.9×	3.7×	6.2×	5.6×	4.0×
	株式時価総額／当期純利益（PER）	12.5×	14.5×	27.6×	30.4×	28.8×
	株式時価総額／株主資本（PBR）	0.8×	0.9×	1.1×	0.9×	1.1×
今期予想	売上高倍率	0.2×	0.3×	0.7×	0.4×	0.4×
	EBIT倍率	9.9×	7.6×	12.4×	13.5×	8.1×
	EBITDA倍率	3.7×	3.6×	5.3×	4.8×	3.7×
	株式時価総額／当期純利益（PER）	11.8×	12.5×	24.5×	25.0×	18.8×
来期予想	売上高倍率	0.2×	0.3×	0.7×	0.3×	0.3×
	EBIT倍率	9.3×	7.1×	10.2×	13.3×	7.7×
	EBITDA倍率	3.5×	3.4×	4.5×	4.6×	3.6×
	株式時価総額／当期純利益（PER）	11.3×	9.8×	21.5×	24.1×	17.0×
資本構成、ベータ値（単位：％、ポイント）						
	純有利子負債／（純有利子負債＋株式時価総額）	12.4%	0.4%	18.9%	34.6%	24.4%
	純有利子負債／株式時価総額	0.14	0.00	0.23	0.53	0.32
	レバードベータ（修正ベータ、過去2年間の週次データより）	1.2	1.0	0.9	0.9	1.3
	アンレバードベータ（修正ベータ）	1.1	1.0	0.8	0.7	1.1

資料4．修正純資産法テンプレート（例）

(単位：百万円)

修正項目	修正金額	修正項目の具体的内容等
2011/03期非支配株主持分控除後純資産（A）	60,000	
評価損益の追加計上等		
〔対純資産加算項目〕		
＋）有価証券の評価益	500	非上場株式を実価法により時価評価。
＋）時価評価に係る税効果	2,212	時価評価に係る税効果を認識。
小計（B）	2,712	
〔対純資産減算項目〕		
－）土地の時価評価	(5,000)	鑑定評価を基礎として土地を時価評価。
－）貸倒引当金	(500)	貸倒引当金を追加認識。
－）ゴルフ会員権の時価評価	(30)	ゴルフ会員権を時価評価。
－）時価評価に係る税効果	(200)	時価評価に係る税効果を認識。
小計（C）	(5,730)	
純修正額（D）〔（B）＋（C）〕	(3,018)	
修正純資産〔（A）＋（D）〕	56,982	
発行済株式数（株）	2,000,000	
1株当たり純資産額（円）	28,491	

● 執筆者略歴

岡田　光（おかだ・ひかる）
株式会社KPMG FAS 代表取締役 パートナー。
1995年より20年間超、コーポレートファイナンス業務に従事。M&A案件におけるフィナンシャル・アドバイザーとして、ディールの交渉とマネジメント、企業価値評価、ストラクチャリング等の業務において数多くの実績を有する。1995年以前は、KPMGニューヨーク事務所にて米国企業ならびに日本企業に対する財務監査業務、コンサルティング業務を担当。現在は、案件業務の担当に加え、株式会社KPMG FASの代表ならびにKPMGジャパンのディールアドバイザリー業務の統括パートナーを務める。米国公認会計士。米国アンドリュース大学 経営学部会計学科卒業。

答島　王之（こたじま・おおし）
株式会社KPMG FAS ディレクター。
トーメン、日本アイ・ビー・エムを経て、KPMG FASに入社し、国内およびクロスボーダーのM&Aアドバイザリー業務に従事。企業価値評価、無形資産評価、財務モデル構築業務等の経験豊富。米国公認会計士、CFA協会認定証券アナリスト。ワシントン大学オーリンビジネススクール（MBA）、神戸大学経済学部卒業。

太田　智之（おおた・ともゆき）
株式会社KPMG FAS ディレクター。
千代田生命保険、中央青山監査法人を経て、KPMG FASに入社し、株式価値算定等の多数の企業価値評価を含むM&Aアドバイザリー業務に従事。米国公認会計士、日本証券アナリスト協会検定会員。慶応義塾大学経済学部卒業。

齋藤　哲（さいとう・てつ）
株式会社KPMG FASコーポレートファイナンス部門 シニアアソシエイト。
東京三菱銀行、新日本監査法人を経てKPMG FAS入社。企業価値評価や統合比率算定、ストラクチャリング等のM&Aアドバイザリー業務の他、のれんの減損テスト等会計目的のValuation業務にも従事。公認会計士。早稲田大学商学部卒業。（退職）

福岡　功（ふくおか・いさお）
株式会社KPMG FAS コーポレートファイナンス部門 シニアアソシエイト。
住友信託銀行を経て、KPMG FAS入社。事業再編、戦略的買収、MBO等の数多くの案件において、ディールマネジメント、交渉サポート、企業価値評価等のM&Aアドバイザリー業務に従事。上智大学法学部卒業。（退職）

平松　健志（ひらまつ・たけし）
株式会社KPMG FAS コーポレートファイナンス部門 アソシエイト。
全日本空輸を経て、KPMG FAS 入社。企業価値評価や統合比率算定、無形資産評価等に従事。東京工業大学工学部卒業。東京工業大学大学院理工学研究科修了。（退職）

山本　憲志（やまもと・けんじ）
株式会社KPMG FAS アソシエイト。
Webシステムベンチャー企業にて事業開発および財務管理に従事した後、KPMG FASに入社。米国公認会計士。東京大学工学部卒業。（退職）

索引

●●● 欧文 ●●●

CAPM理論	110
DCF法	40,88,123,172
DDM法	123,128
Discounted Cash Flow	40
EBIAT	98,160
EBIT（倍率）	56,69,98
EBITDA（倍率）	56,69
EBT	126
Fair Value	26
FCF	96
FCFE	124
IFRS	19
M&A	16
PA法	102
PBR	58,69
PER	58,69
Price Book Ratio	58
Price Earnings Ratio	58
Terminal Value	102
TOB	19,83
TOBプレミアム	84
TV	102
Valuation	22
WACC	88,106,192,205
WARA	192,205

●●● あ 行 ●●●

アカウンタビリティ	11,18
アンレバードベータ	113
イベント分析	46
入口価格	27
インカム・アプローチ	34,40,189
売上高倍率	56,69
エクイティ・アプローチ	123
エクイティ・リスクプレミアム	111,146
エンタープライズ・アプローチ	123

●●● か 行 ●●●

加重平均期待収益率	192
加重平均資本コスト	88
株価倍率	55,67
株価倍率法	38,54,142,170
株式市価法	37,46,170
株主資本価値	24
株主資本コスト	110,126
貨幣の時間価値	41
企業価値	24
企業結合会計	183
キャピタルチャージ	191
金利差引前税引後利益	98,160
金利税金差引前利益	98
グリーンフィールド	175
経常利益倍率	58,69
継続企業	36
現在価値	91
公開買付	19
公正価値	19,26
合理的経済人	27

国際財務報告基準⋯⋯⋯⋯⋯⋯⋯⋯19
国際評価基準委員会⋯⋯⋯⋯⋯⋯180
コスト・アプローチ⋯⋯⋯⋯34,43,194

●●● さ 行 ●●●

再調達原価⋯⋯⋯⋯⋯⋯⋯⋯153,175
再調達原価法⋯⋯⋯⋯⋯⋯⋯⋯⋯194
差額利益法⋯⋯⋯⋯⋯⋯⋯⋯⋯⋯193
残存価値⋯⋯⋯⋯⋯⋯⋯⋯⋯102,142
時価純資産法⋯⋯⋯⋯⋯⋯⋯⋯44,152
時間的価値⋯⋯⋯⋯⋯⋯⋯⋯⋯⋯⋯88
事業価値⋯⋯⋯⋯⋯⋯⋯⋯⋯⋯⋯⋯24
事業用資産⋯⋯⋯⋯⋯⋯⋯⋯⋯⋯⋯24
事業用負債⋯⋯⋯⋯⋯⋯⋯⋯⋯⋯⋯24
市場株価平均法⋯⋯⋯⋯⋯⋯⋯⋯37,46
シナジー効果⋯⋯⋯⋯⋯⋯⋯⋯⋯⋯30
支配権プレミアム⋯⋯⋯⋯82,149,165
資本構成⋯⋯⋯⋯⋯⋯⋯⋯⋯⋯⋯144
収益還元法⋯⋯⋯⋯⋯⋯⋯⋯⋯⋯132
修正純資産法⋯⋯⋯⋯⋯⋯44,152,172
正味売却価額⋯⋯⋯⋯⋯⋯⋯⋯⋯152
将来価値⋯⋯⋯⋯⋯⋯⋯⋯⋯⋯⋯⋯88
処分価値⋯⋯⋯⋯⋯⋯⋯⋯⋯⋯⋯166
人的資産⋯⋯⋯⋯⋯⋯⋯⋯⋯⋯⋯192
スタンドアローン価値⋯⋯⋯⋯⋯⋯31
ステークホルダー⋯⋯⋯⋯⋯⋯⋯10,18
税効果⋯⋯⋯⋯⋯⋯⋯⋯⋯⋯161,197
税効果会計⋯⋯⋯⋯⋯⋯⋯⋯⋯⋯161
清算価値⋯⋯⋯⋯⋯⋯⋯⋯142,166,175
清算価値法⋯⋯⋯⋯⋯⋯⋯⋯⋯⋯142
説明責任⋯⋯⋯⋯⋯⋯⋯⋯⋯⋯11,18

●●● た 行 ●●●

超過収益法⋯⋯⋯⋯⋯⋯⋯⋯⋯⋯191
出口価格⋯⋯⋯⋯⋯⋯⋯⋯⋯⋯⋯⋯27
投資価値⋯⋯⋯⋯⋯⋯⋯⋯⋯⋯⋯⋯28

●●● な 行 ●●●

ネットアセット・アプローチ⋯⋯⋯43
のれん⋯⋯⋯⋯⋯⋯⋯⋯⋯⋯⋯⋯185

●●● は 行 ●●●

パーチェス法⋯⋯⋯⋯⋯⋯⋯⋯⋯173
バリュエーション⋯⋯⋯⋯⋯⋯⋯⋯22
非支配株主持分⋯⋯⋯⋯⋯⋯⋯⋯⋯57
非事業用資産⋯⋯⋯⋯⋯⋯⋯⋯⋯⋯24
非事業用負債⋯⋯⋯⋯⋯⋯⋯⋯⋯⋯24
非流動性ディスカウント⋯⋯⋯⋯⋯85
非流動性割引⋯⋯⋯⋯⋯⋯85,149,165
複製原価法⋯⋯⋯⋯⋯⋯⋯⋯⋯⋯194
負債コスト⋯⋯⋯⋯⋯⋯⋯⋯⋯⋯108
フリー・キャッシュ・フロー⋯⋯⋯96
プレミアム⋯⋯⋯⋯⋯⋯⋯⋯⋯⋯⋯78
ベータ値⋯⋯⋯⋯⋯⋯⋯⋯⋯⋯⋯111
簿価純資産法⋯⋯⋯⋯⋯⋯⋯⋯44,152
ボラティリティ⋯⋯⋯⋯⋯⋯⋯⋯111

●●● ま 行 ●●●

マーケット・アプローチ⋯⋯⋯34,36,189
マイノリティ・ディスカウント⋯⋯149
無形資産価値⋯⋯⋯⋯⋯⋯⋯⋯⋯180
持分プーリング法⋯⋯⋯⋯⋯⋯⋯173

●●● ら 行 ●●●

利害関係者⋯⋯⋯⋯⋯⋯⋯⋯⋯⋯10,18
リスクフリーレート⋯⋯⋯⋯⋯111,146
リスクプレミアム⋯⋯⋯⋯⋯⋯⋯116
リターン・オブ・アセット⋯⋯⋯192

リターン・オン・アセット……………192
リレバード化……………………………114
リレバードベータ………………………115
類似会社比準法…………………………38
類似公開会社比較法……………………38
類似資産比準法…………………………189
類似取引比準法………………40,78,170
レバードベータ……………………113,146
ロイヤルティ免除法……………………189

●●● わ行 ●●●

割引現価係数……………………………92
割引現在価値計算………………………41

株式会社 KPMG FAS

KPMGは、監査、税務、アドバイザリーサービスを提供するプロフェッショナルファームのグローバルネットワークです。世界143の国と地域のメンバーファームに273,000人以上の人員を擁し、サービスを提供しています。

KPMG FASは、企業戦略の策定、事業ポートフォリオ最適化のための事業再編やM&A、経営不振事業の再生、企業不祥事対応に係るアドバイスを通じて、企業の持続的成長のための経営管理高度化や業務改善、事業のバリューアップを支援しております。
また、10の主要業種のインダストリー・グループ体制により、海外を含め、業種ごとに最新動向に関する情報や知見を集約し、各専門分野のプロフェッショナルとの連携により、ワンストップで最適なソリューションを提供します。

kpmg.com/jp/fas

図解でわかる
企業価値評価のすべて

2011年5月1日 初版発行
2025年1月1日 第18刷発行

著　者　株式会社 KPMG FAS ©KPMG FAS Co., Ltd. 2011
発行者　杉本淳一

発行所　株式会社 日本実業出版社　東京都新宿区市谷本村町3-29 〒162-0845

編集部　☎03-3268-5651
営業部　☎03-3268-5161　振　替　00170-1-25349
https://www.njg.co.jp/

印刷／壮光舎　　製本／若林製本

この本の内容についてのお問合せは、書面かFAX (03-3268-0832) にてお願い致します。
落丁・乱丁本は、送料小社負担にて、お取り替え致します。

ISBN 978-4-534-04817-2　Printed in JAPAN

読みやすくて・わかりやすい日本実業出版社の本

下記の価格は消費税（10%）を含む金額です。

図解でわかる
ＥＳＧと経営戦略のすべて

株式会社 KPMG FAS
定価 2640円（税込）

ＥＳＧ時代に欠かせないサステナビリティの基本知識から、気候変動、コーポレートガバナンス、情報開示などまでを解説。"持続可能な社会"の実現を踏まえた企業価値向上の実務にも役立つ1冊です。

最新
よくわかる国際取引の経理実務

齋藤忠志
定価 2750円（税込）

図解や設例によるわかりやすい会計・税務処理の解説はそのままに、ＢＥＰＳ防止措置条約や移転価格税制における同時文書化などを盛り込んだ最新版。国際取引にかかわる経理マン必読の書籍です。

ＩＲの基本

浜辺真紀子
定価 2640円（税込）

ＩＲ担当者はもちろん経営者必読！　基礎知識から決算発表、投資家分類、ターゲティングなどまで、企業と投資家をつなぐＩＲの全体像が理解できるとともに、実務知識も身につく1冊です。

会計の基本

岩谷誠治
定価 1650円（税込）

会計の要点を、手早く身につけられる1冊。会計を財務会計と管理会計という軸に分けて、税務会計や連結決算から、内部統制やIFRS、組織再編手法まで、できる限り図表を用いて幅広く説明しました。

定価変更の場合はご了承ください。